Zinédine Zidane

Respect !

7-13, bd Paul-Émile-Victor – Ile de la Jatte
92521 Neuilly-sur-Seine Cedex

Frédéric Lohézic
avec la collaboration de Gilles Lhote

Zinédine Zidane

Respect !

Michel Lafon

SOMMAIRE

7. INTRODUCTION

9. DIEU EST DE RETOUR

27. NAISSANCE D'UN PRODIGE

39. TU SERAS UN PRO MON FILS

47. LE TEMPS DES COPAINS

61. MAESTRO

95. LES MAUX BLEUS

111. 10 DE CŒUR

125. GALACTIQUE

139. SUPERSTAR

153. RESPECT

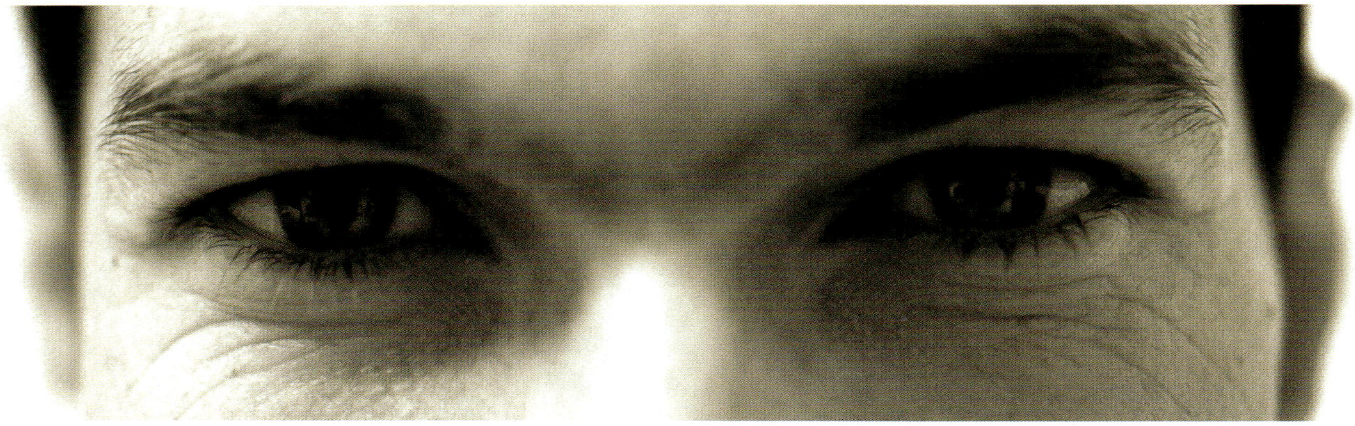

Depuis le retrait de Michel Platini, les Bleus n'existaient plus sur la scène internationale. Des années de vaches maigres marquées uniquement par une participation éphémère (élimination au premier tour) à l'Euro 1992, les « papinades » de Jean-Pierre Papin et quelques éclairs de génie d'Éric Cantona. Vint alors le 17 août 1994. Neuf mois après le traumatisant France-Bulgarie (défaite 1-2 qui barre la route de la *World Cup* 1994), un jeune homme timide entrait sur la pelouse pour la dernière demi-heure de France-République tchèque. Sur une frappe lointaine du pied gauche, puis une tête, il permettait à la France d'égaliser à 2 partout. Une génération Zidane allait se révéler au grand jour, avant de dominer la planète foot grâce à ses victoires en Coupe du monde 1998 et à l'Euro 2000. Gamin, Zinédine hésitait entre le football et le judo. Heureusement pour les fans de ballon rond, il finit par opter pour le premier, laissant à David Douillet le soin de représenter la France, lui aussi avec bonheur, sur les tatamis. Son amour du jeu, son élégance dans les stades et dans la vie, sa générosité en ont fait l'une des personnalités préférées des Français. Après une fausse sortie en 2004, il fait un retour aussi inattendu que fracassant chez les Bleus, à l'été 2005. De quoi espérer, au Mondial 2006, des adieux dignes d'un champion dont les arabesques sur le terrain manqueront bientôt aux amoureux de beaux gestes. Alors, pourquoi attendre la fin de l'histoire ? En bleu de France comme en blanc madrilène, la légende est encore en marche. Saluons donc le fabuleux parcours d'un homme aussi talentueux qu'attachant, du petit Yaz de la Castellane au Galactique du Real, en passant par ses combats contre la pauvreté ou en faveur des enfants malades. Respect ! Monsieur Zidane...

CANAL+

DIEU EST DE RETOUR

NAISSANCE D'UN PRODIGE

TU SERAS UN PRO MON FILS

LE TEMPS DES COPAINS

MAESTRO

LES MAUX BLEUS

10 DE CŒUR

GALACTIQUE

SUPERSTAR

RESPECT

DIEU EST
DE RETOUR

« TU NOUS AS **TELLEMENT MANQUÉ !** »

(Pub Orange, 4 août 2005)

En faisant paraître des pages de pub avec ce slogan, dès le lendemain de l'annonce du retour de Zidane (avec qui il est en contrat), l'opérateur téléphonique résume parfaitement le sentiment général des Français. Ce jour-là, les enfants ne sont pas les seuls à avoir les yeux qui brillent. Une ferveur qui s'exprime pleinement le 17 août à Montpellier, dans les tribunes du stade de la Mosson, pour France-Côte d'Ivoire.

« Le match à Dublin, en septembre, c'est celui où l'on risque gros... Vous savez bien que ça ne se fera pas, mais revenir à Dublin, jouer à Lansdowne Road devant 50 000 personnes, gagner et repartir, ça m'irait bien. Oui, j'aimerais bien » (*L'Équipe magazine*, 2 avril 2005). Lorsqu'il prononce ces paroles, Zinédine Zidane a quitté l'équipe de France depuis plus d'un an et demi, une décision irréversible, selon lui. Mais la mélancolie qui transpire de ces propos incite le quotidien *L'Équipe* à titrer, un jour avant la publication de l'article du magazine : « Et s'il revenait ? » La question paraît tellement énorme que certains croient à un poisson d'avril de circonstance. L'ex-meneur de jeu de l'équipe de France s'émeut de cette agitation et apporte un démenti formel à un possible retour chez les Bleus. Sans toutefois renier les phrases prononcées. Pour le moins prémonitoires...

En le voyant affronter, six mois plus tard, le « pitbull » Roy Keane et sa Green Army, devant les fans irlandais, on ne peut s'empêcher de repenser à cet épisode. Avant cela, Zizou a joué les Pères Noël en pleine torpeur estivale. Le 3 août 2005, bientôt 16 heures, la France rumine depuis un mois sa défaite au grand oral des JO. « L'amour des jeux » et ses délices ne se savoureront pas à Paris, en 2012, mais à Londres. Sur le site Internet du joueur on découvre alors : « J'ai décidé de revenir chez les Bleus. Un an après, je reviens sur une décision sur laquelle j'étais catégorique. Comme je l'ai toujours dit, l'équipe de France était la chose la plus importante qui me soit arrivée. Avoir parlé avec l'entraîneur, c'était important. J'ai bien réfléchi et je veux reprendre l'équipe de France. Je ne veux pas rentrer dans les détails, le pourquoi et le comment. Il y a un an de cela, j'étais catégorique et je ne veux pas revenir en tant que Zorro, en tant que sauveur... L'équipe de France m'a tellement donné que j'ai envie de l'aider... Oui, je suis ému. Oui, je sais que je reviens sur quelque chose où beaucoup de personnes pourront dire : "Pourquoi ne l'a-t-il pas fait avant ? Pourquoi maintenant ? Pourquoi avoir attendu si longtemps ?" Je crois que c'est surtout parce que je suis parti en vacances et que je me suis dit qu'il ne me restait pas grand-chose à jouer au foot. Et j'ai envie d'en profiter au maximum... »

« Quand il entre sur le terrain, Zidane, c'est un chef ! »
(Raymond Domenech, Le Parisien, *19 août 2005)*

Le lendemain, *L'Équipe* peut titrer, cette fois-ci de manière formelle : « Il revient ! » Et avec lui, Claude Makelele puis, un peu forcé mais finalement heureux de retrouver la maison bleue, Lilian Thuram. Les commentaires vont bon train, on recherche des explications, souvent maladroites. Celui qui résume certainement le mieux les raisons de sa décision n'est autre que le visionnaire Rolland Courbis, son ancien entraîneur à Bordeaux. Voici ce qu'il disait juste après l'annonce de la vraie fausse retraite internationale de Zizou : « Je ne pense pas que cet arrêt soit définitif. Cela ne m'étonnerait pas qu'après la trêve, ou dans douze mois, après avoir vu la sélection évoluer sans lui, il revienne sur sa décision. Et Domenech, à qui cela n'a forcément pas échappé, pourrait très bien tenter à nouveau de le convaincre. Zidane, c'est un type intelligent. C'est son choix du jour par rapport à ses obligations, à une saison éprouvante. Il doit anticiper la saison de trop. Dans quelques mois, avec la fraîcheur supplémentaire liée à son arrêt avec l'équipe de France, il pourrait peut-être décider de donner un coup de main jusqu'en Allemagne, le pays de son sponsor principal » (*L'Équipe*, 13 août 2004). Analyse on ne peut plus fine, sauf peut-être sur l'allusion à Adidas.

Même si ce retour suscitera forcément des retombées économiques pour le joueur, lui et sa famille sont d'ores et déjà largement à l'abri. Le manque à gagner se situe plutôt au niveau de l'adrénaline. Éliminé prématurément de la Ligue des champions, surclassé par le Barça de Ronaldinho en championnat, Zidane avait espéré mieux en ne se consacrant plus qu'au Real Madrid. Après avoir goûté au meilleur, difficile de se contenter des miettes, même madrilènes. S'offrir la possibilité de jouer une troisième et dernière Coupe du monde est donc un luxe qui ne peut se refuser. Surtout quand une voix céleste, ou pas, vous fait cet appel du pied : « Je ne voudrais pas qu'on en fasse des tonnes là-dessus et qu'on interprète mal ce que j'ai à avouer, mais ce qui m'arrive, en réalité, est assez mystique et m'échappe un peu. C'est même irrationnel et c'est pour cette raison qu'il n'y a que moi qui puisse le ressentir véritablement... Une nuit, à 3 heures du matin, je me suis soudain réveillé, et là, j'ai parlé avec quelqu'un. Mais ça, personne ne le sait. Ni ma femme, ni personne... Jusqu'à mon dernier souffle, je ne le dirai pas. C'est trop fort ! C'est une énigme, oui, mais ne cherchez pas, vous ne trouverez pas. C'est quelqu'un que vous ne rencontrerez probablement jamais. Moi-même, je ne m'explique pas cette rencontre... Cette personne existe, mais ça vient de tellement loin. Et là, durant les heures qui ont suivi, j'étais tout seul avec elle et, chez moi, j'ai pris la vraie décision de revenir... » (*France-Football*, 9 août 2005). Zidane et l'invité mystère...

« JE NE CALCULE PAS. NI LE RISQUE, NI MON IMAGE. SI JE CALCULAIS, JE NE REVIENDRAIS PAS, C'EST CLAIR. **JE N'AI QU'UNE IDÉE : ALLER À CETTE COUPE DU MONDE.** »

(Zinédine Zidane, *L'Équipe*, 5 août 2005)

« Le maillot, l'entrée sur le terrain, la Marseillaise… C'est très fort. Et avec le brassard ! Pour moi, on ne peut pas aller plus haut que l'équipe de France. » [Zinédine Zidane, L'Équipe magazine, 10 janvier 2004]

Irlande-France (7 septembre 2005) : suite au canular d'un imitateur qui s'est fait passer, au téléphone, pour le président de la République, les Bleus mettent la main sur le cœur pendant la Marseillaise. Un geste qui leur portera chance.

Zinédine, qui espérait pourtant la plus grande retenue sur cette confession, provoque un nouveau coup de tonnerre médiatique. A-t-il discuté avec un personnage de l'histoire de France, Dieu en personne s'est-il adressé à lui ? Toutes les hypothèses sont envisagées… Tant et si bien que le héros national se fend d'une réaction assez brutale, le soir-même sur son site Internet : « Cela me désole que l'on puisse faire des interprétations pareilles. J'ai toujours été clair et quand on regarde l'article du début jusqu'à la fin, je parle clairement d'une personne, non de religion, ni de quelque chose de mystique (il dément par là-même les paroles qui lui sont attribuées dans *France-Football*, où le mot « mystique » est bien écrit)… Cela devait rester quelque chose d'intime, mais aujourd'hui je dis que c'est mon frère, c'est tout… Au regard des interprétations faites, pour que cela coupe court à toute interprétation, je répète que cette personne est mon frère. Jusqu'à maintenant j'ai toujours été clair. J'ai fait des articles et des interviews où j'ai voulu dire aux personnes comment j'étais. À partir d'aujourd'hui et suite à ces réactions pénibles… je ne dirai donc plus que le strict minimum… » L'histoire était-elle trop belle pour être vraie ? Zidane a-t-il vraiment parlé à l'un de ses frères ? La sincérité du champion s'est-elle mal accommodée des sarcasmes entendus ou lus ici et là ? Le numéro 10 tricolore gardera probablement à jamais son secret.

ZiZOU !

ZiZOU !

ZiZOU !

Quinze jours plus tard, la question n'est plus de savoir qui a convaincu Zidane de revenir chez les Bleus, mais si ce retour va redonner vie au jeu de l'équipe de France. Dans une Zizoumania rappelant celle de l'après-succès du Mondial 98, l'idole se faufile par une porte de service afin de rejoindre ses coéquipiers dans un hôtel de Montpellier. « J'ai senti un accueil chaleureux… Cela fait chaud au cœur. » Une joie de vivre en bleu retrouvée aussi sur le terrain, le 17 août, face à la Côte-d'Ivoire. Pour ce simple match amical, le stade de la Mosson est plein à craquer. Les derniers billets se sont arrachés dans les heures qui ont suivi la fameuse annonce du 3 août. Et c'est en patron que Zinédine pénètre sur la pelouse, arborant un brassard de capitaine qu'il n'avait que rarement porté en équipe de France. S'il revient, c'est pour prendre les choses en main, bien que ses déclarations soient empreintes d'humilité : « Je reviens pour trouver un petit peu ce que j'ai connu, me mettre au service de l'équipe et essayer de contribuer à la qualification » (*L'Équipe*, 17 août 2005). Raymond Domenech, le sélectionneur national, lui, n'y va pas par quatre chemins : « Il parle sur le terrain avec le ballon et cela nous va très bien. Ce n'est pas un exubérant, mais quand il entre sur le terrain, Zidane, c'est un chef. Les autres suivent. C'est naturel, rien n'est forcé » (*Le Parisien*, 19 août 2005).

« L'ÉQUIPE DE FRANCE, C'EST LA PLUS BELLE CHOSE QUI ME SOIT ARRIVÉE. »

(Zinédine Zidane, Zidane.fr, 3 août 2005)

Sans forcer, justement, les Français s'imposent 3-0 en déployant un jeu qu'on ne leur connaissait plus depuis un mémorable Allemagne-France, de novembre 2003, gagné sur le même score. Le grand « revenant » marque même le deuxième but. Alors, Zidane sauveur de l'équipe de France ? Si lui s'en défend, on n'est pas très loin de la vérité, à lire les propos d'Arsène Wenger, le manager d'Arsenal et consultant de TF1 : « Meilleure que son adversaire, l'équipe de France n'avait pourtant plus de marge pour s'imposer : manque d'expérience, déficit de qualité technique... Les anciens remédient à cela. Prenez Zidane, il a touché 81 ballons contre la Côte-d'Ivoire. Un milieu de terrain fait déjà un très bon match quand il en touche 60 » (*Télé 7 Jours*, 3 au 9 septembre 2005).

BUT

Avec Zinédine, l'avenir s'annonce plus souriant pour une équipe malmenée dans son groupe éliminatoire de la Coupe du monde. Au moment d'affronter les îles Féroé à Lens, l'Irlande et la Suisse à l'extérieur puis Chypre au Stade de France, la sélection tricolore n'occupe que la quatrième place du classement. Seule la première permet de décrocher directement son billet pour l'Allemagne. Autant dire que tous les yeux sont déjà rivés sur le rendez-vous de Dublin. Juste avant, les îles Féroé sont une formalité : 3-0 !

« MAINTENANT, IL VA FALLOIR L'EMMENER LOIN CETTE ÉQUIPE... »
(Zinédine Zidane, *Le Parisien*, 30 août 2005)

DE ZIDANE !

Lors du dernier match qualificatif, face à Chypre, Zizou lui-même ouvre la marque.

« VÉRONIQUE, MON ÉPOUSE, NE VOULAIT DÉJÀ PAS QUE J'ARRÊTE L'AN PASSÉ... **ENZO, MON FILS AÎNÉ, EST HEUREUX DE REVOIR SON PAPA EN BLEU.** »

(Zinédine Zidane, *L'Équipe*, 5 août 2005).

ZIDANE
10

En Irlande, la tension est palpable. Quand l'hymne national retentit, les joueurs français ont tous la main sur le cœur. Un geste solennel salué par les commentateurs Thierry Gilardi et Jean-Michel Larqué. On apprendra vite que l'origine de ce geste est un gag monté par l'imitateur Gérald Dahan. Le matin du match, celui-ci parvient à joindre Raymond Domenech. Il se fait passer pour le président de la République, en convalescence après un accident vasculaire cérébral. À la demande du faux Jacques Chirac, le sélectionneur le met en relation avec Zidane. « Je peux vous demander une faveur ? Pour moi, et pour la France… Si, au moment de la Marseillaise vous pouviez mettre la main sur le cœur… vous me feriez le plus grand plaisir… » La plaisanterie est douteuse mais le canular réussi. Surtout, l'image restera à jamais gravée dans les mémoires.

« IL N'Y A QUE LES CONS QUI NE CHANGENT PAS D'AVIS (RIRES)**. »**

(*L'Équipe*, 5 août 2005).

Contre Chypre, un quatrième et dernier but offert à Ludovic Giuly : la France se qualifie pour le Mondial 2006 !

Comme la victoire qui s'ensuit, sur un but venu d'ailleurs, signé Thierry Henry, juste avant la sortie de son capitaine, blessé aux adducteurs. À propos du come-back inattendu de ce dernier, le Gunner d'Arsenal s'était exclamé : « Dieu est de retour ! » Après ce succès, c'est toute l'équipe de France qui ressuscite. Si elle gagne à Berne, contre la Suisse, elle jouera à coup sûr la prochaine Coupe du monde. Malheureusement, malgré le courage dont il fait preuve, Zidane, qui revient de blessure, ne peut avoir le rendement escompté. Lui et les siens doivent se contenter d'un match nul 1-1. Dernier objectif : s'imposer contre Chypre, en espérant que les Helvètes ne gagnent pas à Dublin.

Le Stade de France donne de la voix comme à ses plus beaux jours. Les tricolores n'ont pas le cœur sur la main au moment des hymnes. Leurs visages témoignent toutefois d'une grande détermination. Le temps défile dangereusement. Mais à la vingt-neuvième minute, la lumière vient de qui vous savez: 1-0 ! Puis 2, puis 3. Et enfin 4 au coup de sifflet final. Au même moment, les Suisses n'obtiennent qu'un 0-0 en Irlande, malgré plusieurs occasions en or. Les mines se décrispent à peine. Ouf ! Les Coqs évitent les barrages, voire l'élimination pure et simple. *Guten Tag Deutschland* ! Zizou y écrira ses derniers mots bleus, 34 ans après avoir poussé son premier cri...

Merci la vie.

Zidane a persuadé Claude Makelele, son ancien coéquipier du Real Madrid, de revenir avec lui en équipe de France. Grâce à leur apport et à celui de Lilian Thuram, les Bleus ont décroché leur billet pour l'Allemagne.

FÉDÉRATION FRANÇAISE DE FOOTBALL
60447413
Licence CADET
1986-87
Né entre le 1er Août 1970 et le 31 Juillet 1972
Nationalité
J.C.M ELECTRICITE CHAUFFAGE
Adresse
13016 MARSEILLE
Commune
Signature du Secrétaire
Signature du Joueur
ZIDANE
Indiquer la saison
Date de Signature
02 07 86
14 JUIL 1986

DIEU EST DE RETOUR

NAISSANCE D'UN PRODIGE

TU SERAS UN PRO MON FILS

LE TEMPS DES COPAINS

MAESTRO

LES MAUX BLEUS

10 DE CŒUR

GALACTIQUE

SUPERSTAR

RESPECT

NAISSANCE D'UN PRODIGE

23 juin 1972, Yazid arrive au monde. Très vite, il exercera ses talents au pied des immeubles de la Castellane.

« ZINÉDINE, ÉCRIT AVEC UN ACCENT ?
OUI, C'EST SON PÈRE QUI M'A DIT QUE SON PRÉNOM S'ÉCRIVAIT AINSI. »
(Dan Franck, auteur de *Zidane, le roman d'une victoire*, *L'Équipe*, 14 octobre 1999)

Été 1972, le soleil brille de mille feux sur Marseille. Mais dans le cœur de Smaïl et Malika Zidane, il rayonne plus encore depuis la naissance du petit dernier, le 23 juin. Le grand Michel Platini n'a pas encore marqué le football français de son empreinte qu'arrive déjà sur terre son digne successeur… Zinédine pour les uns, Yazid, ou même Yaz, pour les plus intimes, le bambin est entouré d'un amour indéfectible. Celui de ses parents, bien sûr, mais aussi de ses frères et sœur : Madjid (surnommé Djamel, en hommage à un oncle décédé, qui tenait à ce qu'il porte ce prénom), Farid, Nordine et Lila, de trois ans son aînée. « Petits, Yazid et moi étions comme chien et chat, confie la jeune femme. J'essayais toujours de participer aux parties de foot ou de tennis, mais pour lui, j'étais une intruse. Ma présence, en tant que fille, n'était pas bien vue par ses copains. À la maison, c'était différent, on jouait ensemble aux billes ou aux cartes. C'était l'époque des séries télé, j'étais Wonderwoman, lui Spiderman » (*L'Équipe magazine*, 2 avril 2005). Le père, lui, n'a malheureusement guère le temps de goûter aux joies familiales, trop occupé à subvenir aux besoins de son foyer. Gamin, déjà, il travaillait comme saisonnier dans les champs de pommes de terre de sa Kabylie natale. À 17 ans, il décide de quitter son village d'Aguemoune pour rejoindre la France. Une déchirure douloureuse mais nécessaire dans l'espoir de s'offrir un avenir meilleur. Hiver 1953, Smaïl Zidane se retrouve à Paris, dans une petite chambre louée du côté de la Porte-de-Clignancourt. Mais les propriétaires refusent de l'héberger plus de quinze jours. Il se réfugie alors sur le chantier où il est employé. Malgré les journées pénibles et les nuits glaciales, le jeune homme se console en touchant un maigre salaire dont il expédie une partie avec empressement à ses parents. « Ce jour-là, j'ai connu mon premier grand bonheur depuis mon arrivée en France. Ce jour-là, je n'ai plus ressenti le froid » (*L'Équipe magazine*, 2 avril 2005). Durant des mois, il poursuit cette vie miséreuse sans jamais se plaindre. Puis il retrouve le confort relatif d'une vraie chambre à partager avec d'autres natifs de son village, du côté de la plaine Saint-Denis… non loin d'un site qui accueillera, bien des années plus tard, le Stade de France, et où son nom résonnera grâce aux exploits d'un fils qu'il n'a pas encore. À cette époque, il ignore pourtant l'existence même de celle qui lui donnera ce divin enfant du football. Mais l'amour va bientôt frapper à sa porte…

« Malgré l'éloignement, Yazid est le frère dont je suis le plus proche… L'image que je garde de lui, c'est un petit bonhomme de 5 ans, des boucles blondes, sur son vélo » (Lila Zidane, L'Équipe magazine*, 2 avril 2005). À gauche, M. Zidane père.*

Farid et papa Smaïl devant la fresque de Zizou, sur la Corniche de Marseille.

pots de fleurs. Le trophée? Une demi-bouteille en plastique, recouverte de papier aluminium. Il y a là les frères Zidane, mais aussi Malek, Doudou, Baba, Richard, Jean-François, Sofiane, Nasser, Martin, Mohammed. Des Blancs, des Noirs, ou des Kabyles comme lui. Tous unis, tous frères, à l'école de la rue et du football, de la solidarité et de la tolérance.

Yazid signe bientôt sa première licence, au club de Saint-Henri. Il a huit ans. Monsieur Zidane suit de près les premiers dribbles de son fils. Il est aussi un bon chauffeur: tous les dimanches, sa Renault 12 «3B» («break-blanche-bondée») conduit Yaz au stade, où le petit prodige fait merveille: «Il avait des pieds en or. Il était tellement fort et costaud que, chaque fois qu'il jouait, je devais fournir sa pièce d'identité pour justifier son âge!». C'est l'époque bénie de l'enfance, celle du football-roi et des virées au Stade-Vélodrome («Toujours dans le virage Nord») avec son père et ses frères, pour encourager l'OM et l'idole, Francescoli. Yaz n'oubliera jamais se[s] [...]ments d'enfance au «Vél» et surtout [...] 23 juin 1984 où, le jour-même de son [...] me anniversaire, il est ramasseur d[e] [...] l'occasion de la demi-finale historique [...] pionnat d'Europe, France-Portuga[l] [...] là, porteur du maillot et du numéro [...]

comme un aimant, passe entre les jambes des autres et court sur les dalles de béton de la place Tartane ou sur les petits carrelages d'un hall ouvert à tous les vents. Le plus jeune des Zidane s'accroche au short de ses aînés, multiplie les caprices pour jouer avec les grands. «Dans notre bande, il y avait de sacrés bons joueurs, raconte Farid. Mais lui, il était impossible de lui prendre le ballon. On aurait dit qu'il avait une main à la place du pied, il faisait ce qu'il voulait avec la balle, il avait un dribble exceptionnel et voyait le jeu mieux que quiconque. C'était le plus jeune, mais il nous faisait toujours gagner.» Au milieu de la cité, les enfants jouent déjà leur Coupe du monde. Les buts? Quatre

ceux de Zinedine quatorze ans plus tard en finale de Coupe du monde. Michel Platini offrira aux Bleus le but de la victoire...

Depuis un an, Yaz a quitté l'équipe de Saint-Henri pour suivre son frère Nordine aux Sports Olympiques de Septèmes-les-Vallons, le club d'une petite commune au nord de Marseille. Monsieur Santonero s'occupe du «ramassage» et vit dangereusement: «La première fois que je suis allé le chercher en voiture à La Castellane, j'ai retrouvé mes pneus crevés!». Mais dans le quartier sensible où a grandi Yaz, les dirigeants du SO Septèmes deviennent rapidement des gens respectés. Et lorsque, à la vieille Peugeot de Santonero, succède la belle Mercedes de Loïc Fagon, qui passe prendre les joueurs à la station-essence, c'est toute la cité qui suit du regard le voyage de ses enfants vers le stade Pierre-[...] C'est là, sur un stabilisé sablon[...] [...] Yazid commence à devenir le [...] aller gauche [...]

En 1962, il envisage de rentrer en Algérie, devenue indépendante. Avant de prendre le bateau, il rend visite à des membres de sa famille, installés à Marseille. Là, il fait la connaissance de Malika, qu'il ne quittera plus. La France non plus, d'ailleurs. Les deux tourtereaux se marient très vite puis s'établissent au Canet, où naît leur premier enfant, Madjid. Puis ils rejoignent Marseille, tout d'abord dans la cité Bassens, avant d'emménager à la Castellane, théâtre des premiers exploits de Yazid, balle au pied. Il débute ses gammes dans l'appartement, au grand dam de sa maman. Il poursuit son évolution sur la place Tartane. Là, au pied des immeubles, les gamins de la cité ont l'habitude de se défier dans des matchs dont l'enjeu est une simple bouteille en plastique, enjolivée par du papier aluminium. Un trophée dont l'éclat apparent n'est pas sans rappeler celui de la Coupe d'Europe des clubs champions ou, mieux encore, celui de la Coupe du monde, objet de leurs rêves les plus fous.

À l'école de la rue, Yaz subjugue partenaires et adversaires, souvent plus âgés que lui. Notamment son frère Farid : « Dans notre bande, il y avait de sacrés bons joueurs. Mais lui, il était impossible de lui prendre le ballon. On aurait dit qu'il avait une main à la place du pied, il faisait ce qu'il voulait avec la balle, il avait un dribble exceptionnel et voyait mieux le jeu que quiconque. C'était le plus jeune, mais il nous faisait toujours gagner » (*Onze-Mondial*, décembre 1998).

Un signe ? Blancs, Noirs, Kabyles ou autres, les coéquipiers de Zinédine semblent préfigurer la fameuse équipe de France « black-blanc-beur » du Mondial 1998. Parmi eux, Malek Kourane, qui, une vingtaine d'années plus

Mme Zidane et ses enfants

« LES MAÎTRESSES M'AIMAIENT BIEN PARCE QU'ELLES ME TROUVAIENT MIGNON. ELLES DISAIENT QUE J'AVAIS UN REGARD ATTENDRISSANT. MAIS JE NE TRAVAILLAIS PAS. »

(*Zidane, le roman d'une victoire* - éditions Robert Laffont).

tard, reste l'ami intime du champion, se souviendra toute sa vie d'un match joué sous les couleurs de l'AS Foresta, un club de quartier, le premier du futur champion du monde : « J'étais dribbleur, individualiste. Yaz n'aimait pas ça. Il disait que j'étais un "mangeur de ballons". Un jour, à Saint-Tulle, on disputait la finale d'un tournoi où il y avait un vélo à gagner. Il y a eu un penalty. Il m'a dit : "C'est moi qui tire !" J'ai pas voulu. J'ai tiré. J'ai raté. On a perdu. Il m'a couru après tout l'après-midi tellement il avait la haine. Il le voulait, ce vélo… » (*L'Équipe magazine*, 2 avril 2005). Le foot dans la peau !

Malek Kourane, ami d'enfance et confident de Zinédine. Il vivra d'ailleurs avec lui et sa famille durant plusieurs mois à Turin…

« Souvent, dès 8 heures du matin, il était là avec son ballon. Il tapait seul contre un mur. Puis un copain arrivait, puis un autre, et ils commençaient un match. Ça pouvait durer des heures »
(Un voisin de la Castellane, France-Football*, 3 septembre 1999).*

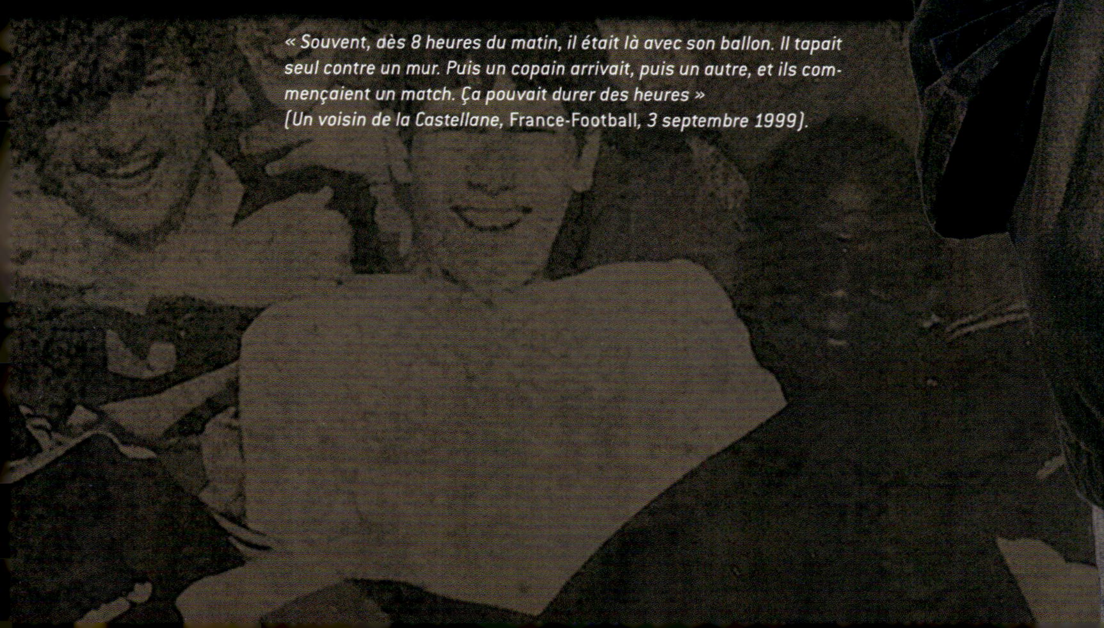

Enzo Francescoli

Michel Platini

La star naissante sous ses trois premières couleurs : celles de la Foresta, Saint-Henri et Septèmes.

Alors qu'il boit, mange et dort football, Yazid signe à 8 ans sa première licence au club de Saint-Henri. Pendant ses rares heures de loisirs, Smaïl le conduit au stade dans la R12 familiale, pleine d'enfants avides d'imiter leurs idoles. À l'époque, celle de Zinédine n'est autre que Michel Platini, en attendant de connaître, des années plus tard, un vrai coup de foudre pour Enzo Francescoli, l'élégant attaquant uruguayen passé par Montevidéo, River Plate et le Matra Racing de feu Jean-Luc Lagardère, avant de rejoindre l'OM de Bernard Tapie. Aujourd'hui encore, dans le cœur de Zizou, Francescoli fait partie des cinq meilleurs joueurs de tous les temps, avec Diego Maradona, Pelé, Michel Platini et Johan Cruyff. Parmi ces stars, il en est une qu'il cotoiera de très près, le 23 juin 1984. Ce jour-là, il a la chance d'assister à une demi-finale de championnat d'Europe au Stade-Vélodrome. Un sacré cadeau pour son douzième anniversaire !

Deux ans après le tristement célèbre France-RFA de Séville, en demi-finale de la Coupe du monde (match perdu aux tirs au but), les Bleus sont de nouveau aux portes d'une finale d'un grand rendez-vous international. Et c'est Michel Platini qui, comme souvent à l'époque, délivre la France (3-2) dans les ultimes secondes d'une insoutenable prolongation, face à des Portugais beaucoup moins dociles que prévu. Le gamin des quartiers nord n'en croit pas ses yeux. Surtout, il est loin d'imaginer que, quatorze ans plus tard, en finale du Mondial, il revêtira le maillot tricolore frappé du même numéro 10 que le buteur providentiel de cette nuit magique. L'équipe de France, même pas en rêve !
À cette époque, l'enfant prodige a déjà rejoint son frère Nordine aux Sports olympiques de Septèmes-les-Vallons et sa modestie naturelle ne l'autorise pas à envisager une carrière aux côtés des plus grands joueurs. Pourtant le

« POUR MES 12 ANS, J'AI EU UNE PAIRE DE CHAUSSURES DE FOOT, DES KOPA. 450 FRANCS (61 EUROS) ! POUR ME LES OFFRIR, MON PÈRE AVAIT ÉCONOMISÉ PENDANT UN AN »

(*Zidane, le roman d'une victoire* - éditions Robert Laffont).

jeune homme commence à se forger une solide réputation dans toute la région. À tel point qu'il est retenu pour le championnat de Ligue, chez les cadets première année, en 1986. Soudain, son destin bascule. Il est convoqué au CREPS d'Aix-en-Provence. Son talent séduit Jean Varraud, mandaté par l'AS Cannes. « J'ai tout de suite su que ce garçon deviendrait un très grand. Il possédait une vitesse de pieds exceptionnelle, que je n'avais jamais vue auparavant et que je n'ai plus jamais revue depuis ! De plus, il avait ce côté "guerrier" des quartiers défavorisés. Il avait faim ! Il n'y avait aucun doute : ce joueur-là était de la race des seigneurs » (*Onze-Mondial*, décembre 1998).

« Un jour, Zinédine [en haut à droite] *participait à une compétition de judo. Le lendemain, il disputait un tournoi de football. En quarts de finale, il s'est écroulé sur le terrain. Mes parents lui ont demandé de choisir entre le judo et le foot… Il avait dix ans »* (Nordine Zidane - L'Équipe magazine, *2 avril 2005*).

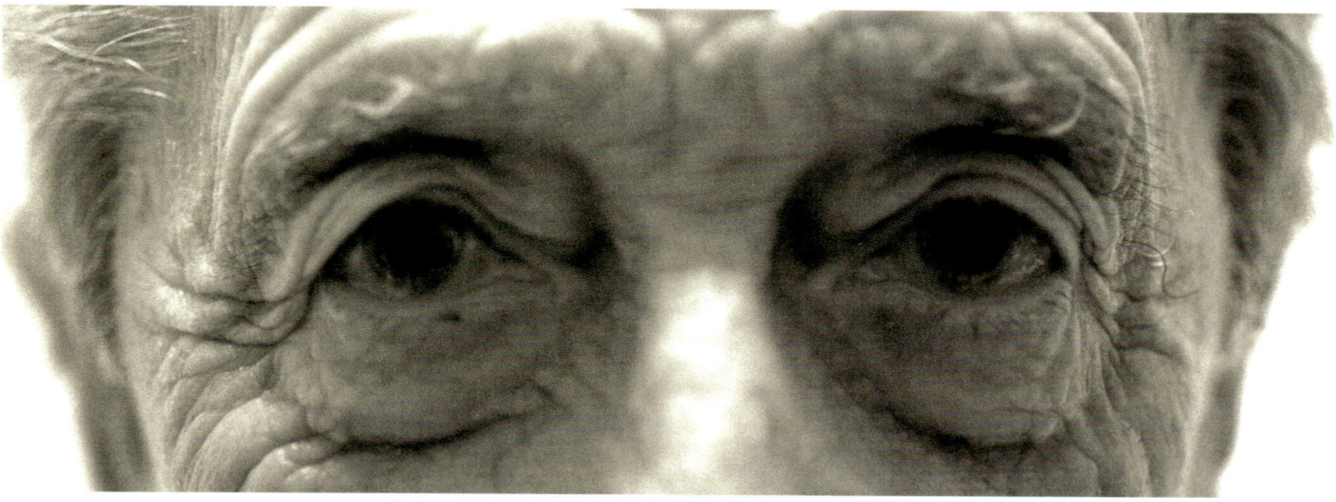

JEAN VARRAUD, RECRUTEUR À CANNES, **EST LE PREMIER À AVOIR CRU ZINÉDINE CAPABLE D'ENTAMER UNE CARRIÈRE PROFESSIONNELLE.** UNE FRANCHE AMITIÉ LES LIERA À JAMAIS.

Le recruteur convoque donc sa perle rare pour un match d'essai. Malgré une prestation que Zinédine qualifie lui-même de « complètement ratée », Jean Varraud insiste pour qu'il poursuive l'expérience quelques jours de plus, avant de lui faire intégrer définitivement le centre de formation du club. Il n'a alors que 13 ans et demi. Mme Zidane accepte que son fils quitte la maison à la seule condition qu'il ne se retrouve pas dans un foyer, livré à lui-même. Or, l'AS Cannes lui présente une famille d'accueil. « C'était les Elineau. Je les ai rencontrés, et ils m'ont plu. J'ai apprécié leur façon de bien tenir la maison alors que tous deux travaillaient. J'ai vu l'éducation de leurs enfants, deux garçons et une fille. Ils passaient tous à table à 19 heures. C'est bien. Ils ne traînaient pas, sauf les mercredis où ils avaient le droit d'aller au cinéma » (*L'Équipe magazine*, 2 avril 2005).

Ce dont Malika ne se doute pas, c'est que son petit Yaz, bien que choyé par sa nouvelle famille, s'endort chaque soir dans un torrent de larmes. Elle l'apprendra beaucoup plus tard, dans les journaux. S'il le lui avait avoué au téléphone, le champion accompli qu'il est devenu est certain que sa mère serait venue le récupérer au plus vite. Un geste qu'il aurait encore moins supporté que la douleur d'être séparé des siens... si près du but qui se dessine à lui : devenir footballeur professionnel. Encore un peu de patience, jeune Zidane !

En 2001, il est aux côtés de son mentor pour fêter le centenaire de l'AS Cannes.

CANNES
PHENIX
CANNES
PHENIX
PHENIX

DIEU EST DE RETOUR
NAISSANCE D'UN PRODIGE

TU SERAS UN PRO MON FILS

LE TEMPS DES COPAINS
MAESTRO
LES MAUX BLEUS
10 DE CŒUR
GALACTIQUE
SUPERSTAR
RESPECT

TU SERAS
UN PRO
MON FILS

« **CE QUE JE SUIS, JE LE DOIS À MON PÈRE ET À MA MÈRE**. JE LEUR DOIS TOUT, PARCE QU'ILS M'ONT APPRIS TRÈS JEUNE À GARDER LA TÊTE FROIDE, À TRAVAILLER, À ÊTRE RESPECTUEUX ENVERS LES AUTRES »
(Zinédine Zidane - *Le Nouvel Observateur*, 24 décembre 1998).

À l'AS Cannes, l'éloignement de sa famille a beau lui peser terriblement, Zinédine s'accroche à son rêve : devenir footballeur professionnel. Au centre de formation du club, il lui arrive parfois de se poser des questions. Mais au gré de son évolution, puis en côtoyant les joueurs de l'équipe première, à l'entraînement, ses doutes s'estompent peu à peu. Techniquement, il n'a pas grand chose à leur envier. Seule l'expérience lui fait défaut. Celle de Luis Fernandez, champion d'Europe 1984 avec les Bleus et troisième de la Coupe du monde 1986, lui sera profitable pour la suite de sa carrière. Un Fernandez dont il partage le sang chaud. Un jour, retenu en équipe réserve, le cadet des Zidane aligne un direct du droit à un adversaire qui l'avait taclé violemment quelques secondes auparavant.

Premiers pas en coupe d'Europe, avec Luis Fernandez comme capitaine.

Pour s'être fait justice lui-même, il est expulsé par l'arbitre et suspendu pour plusieurs matchs. Guy Lacombe, qui achève la formation du jeune homme, l'invite aussi à nettoyer le vestiaire pendant trois semaines. « C'était pour plaisanter », dira ce dernier - nommé au PSG en décembre 2005 - un peu plus tard. Zinédine, lui, ne se pose pas la question et s'exécute sans broncher, comme pour se laver de sa faute. Respect, travail, sérieux sont les piliers de son éducation.

L'incident effacé, il débute en championnat de Première division (devenue aujourd'hui Ligue 1) le 20 mai 1989, au stade de La Beaujoire, à Nantes. L'homme qui le lance dans le grand bain n'est autre que Jean Fernandez, l'actuel coach de l'OM, club de cœur du champion, aujourd'hui encore. À cette époque, il lui arrive d'ailleurs régulièrement de hanter les travées du Stade-Vélodrome, où évolue Enzo Francescoli, à qui il aimerait tant ressembler. Mais ce jour-là, le minot de la Castellane n'est pas un simple spectateur.

Sa première apparition chez les pros, dans le dernier quart d'heure, se solde par un match nul (1-1). Quelques jours plus tard, pour l'ultime journée de championnat, à domicile face à Caen, Zidane foule près d'une demi-heure la pelouse du stade Pierre-de-Coubertin. L'équipe azuréenne s'impose sans fioritures : un 3-0 annonciateur d'un score similaire, neuf ans plus tard, en finale de Coupe du monde. Zinédine en est très loin pour le moment. Le futur champion n'est pas encore parvenu à faire trembler les filets adverses. Pas plus qu'à l'occasion de ce Cannes-Auxerre, du 4 août 1990, où il est titularisé pour la première fois. Ni lors de cet OM-Cannes du 22 septembre, où le joueur évolue enfin dans son Vélodrome chéri. Ces quatre-vingt-dix minutes de match, l'enfant du pays n'a pas du tout l'impression de les disputer à l'extérieur. Marseille, c'est chez lui !

10 FÉVRIER 1991, FACE À NANTES, IL MARQUE SON **PREMIER BUT CHEZ LES PROS ! À L'ÉPOQUE, DÉJÀ, IL SE JOUE DE SES ADVERSAIRES.**

Son père, Smaïl, écoute le début de la rencontre à la radio. Ce soir-là, il est une fois de plus de service dans le magasin qui l'emploie. Quand il apprend à l'un de ses collègues que le Zidane dont il est question dans les commentaires n'est autre que son fils, le collaborateur s'arrange aussitôt pour le laisser partir au stade. À cinq minutes de la fin, Cannes mène 0-1 à Marseille. Les supporters locaux commencent à quitter les gradins. Ils n'ont pas entièrement tort, leur équipe ne reviendra plus au score. M. Zidane profite de l'ouverture prématurée des portes pour pénétrer en douce dans ce temple du football français. L'émotion qu'il ressent à cet instant n'est pas due à la vision des stars de l'OM mais à celle de la silhouette longiligne de son petit Yazid, source des commentaires les plus élogieux le lendemain autour de la machine à café. « La nouvelle a fait le tour de l'entreprise. Tout le monde, même le directeur, est venu me féliciter. Le patron a appris que je n'avais pas pu assister au match. Il s'est inquiété de savoir si je n'étais pas victime de quelques misères de la part de mes collègues et a demandé à tout le personnel de faire preuve de gentillesse à mon égard. Telles furent pour moi les premiers effets bénéfiques de la réussite de mon plus jeune fils » (*L'Équipe magazine*, le 2 avril 2005). Smaïl est rassuré, le destin de Zinédine semble tout tracé.

Le fiston, parfaitement conscient des sacrifices consentis par ses parents, met un point d'honneur à leur envoyer sa première prime. Celle acquise après le match de Nantes, évoqué plus haut. « En tant qu'aspirant à l'AS Cannes, se souvient-il, je gagnais 1000 francs (environ 150 euros) par mois. Montant de la prime en question : 5000 francs (un peu plus de 760 euros) ! Une vraie fortune...

Le président Alain Pedretti était tellement content de nous qu'il avait doublé notre prime. Voilà pourquoi, pour un simple match nul, nous avions touché une si belle somme. Cinq mille francs, c'était en fait le tarif correspondant normalement à une victoire » (*Onze-Mondial*, mars 1993).

Son premier but, il le marque enfin le 10 février 1991, contre Nantes, décidément le club de ses grandes premières. Un moment inoubliable, à double titre...

Pour le récompenser, son président lui offre cette fois-ci une voiture. Alors qu'il s'attendait à prendre les clés d'un véhicule d'occasion, le garçon se retrouve face à une Clio rouge, toute neuve. L'autre raison est de nature beaucoup plus sentimentale. La veille du match, il ose enfin parler à Véronique, une jolie brune, apprentie danseuse, qu'il côtoie au foyer où il loge désormais depuis un an et demi. Confidence de Zinédine à Frédéric Jaillant, ancien patron des sports de TF1 : « Je lui ai évidemment proposé de venir me voir jouer. Nous étions menés 1-0 à la mi-temps. » Soudain, le jeune homme gratifie le public d'un des coups de génie dont il a le secret et égalise à la cinquante-sixième minute. « Luis Fernandez avait donné à Durix qui m'avait fait une passe sans contrôle. J'avais emmené le ballon de l'extérieur du pied droit, il avait « bombé » une fois et j'avais lobé David Marraud. Immédiatement, j'avais pensé à Véronique dans les tribunes… À la fin, à la sortie des vestiaires, elle était contente pour moi » (*Onze-Mondial*, mars 1993). D'autant plus que Cannes s'impose finalement 2-1.

Le bonheur de Zinédine et Véronique se prolonge puisqu'ils s'installent très vite ensemble dans un studio. La jeune femme doit toutefois remiser ses ballerines au placard. Priorité aux crampons de l'homme de sa vie. Et si les fameuses arabesques de Zidane, sur le terrain, étaient une sorte d'hommage à Véronique, la danseuse, qui lui a sacrifié sa propre carrière ? Les âmes romantiques aimeraient à le croire. Malheureusement, notre graine de star et ses figures de style ne suffisent pas à maintenir l'AS Cannes en Première division. En 1992, c'est la descente en D2. Retour sur terre ! « C'est vrai que, la dernière saison à Cannes, je me suis retrouvé au fond du trou, complètement perdu. Plus rien ne marchait. À l'époque, je faisais mon service militaire : je partais le lundi et je revenais le jeudi pour jouer le samedi. C'était l'enfer. Je n'arrivais plus à faire une passe de dix mètres. J'ai plongé, comme toute l'équipe » (*Onze-Mondial*, décembre 1998). Pour ne rien arranger, le garçon est victime, au mois de mars, d'une sévère crise d'appendicite qui frise la péritonite. Dans ces conditions, comment lui reprocher de n'avoir pu sauver son club ?

Meurtri par cette rétrogradation, Zinédine voit heureusement la chance lui sourire de nouveau. Alors que Bernard Tapie se renseigne sur lui, pour éventuellement renforcer son Olympique de Marseille, une autre « grande gueule » du football français, Rolland Courbis, entraîneur des Girondins de Bordeaux, s'intéresse au jeune prodige. Tapie ne donne pas suite, ce qui évitera d'ailleurs à Zidane d'être éclaboussé, un an plus tard, par le scandale de l'affaire VA-OM. L'expérience cannoise s'achève, le jeune homme pose ses valises en Aquitaine pour quatre ans. « Zizou » sera son nom...

« Les adversaires contre qui j'ai aimé jouer : Alain Roche, Vincent Guérin, Paul Le Guen (avec le maillot du PSG)... Des joueurs qui inspirent le respect et ont toujours été exemplaires par leur état d'esprit et leur qualité de jeu. De grands messieurs... » (Zinédine Zidane - L'Équipe Magazine, 10 janvier 2004).

VRAI
PANZANI

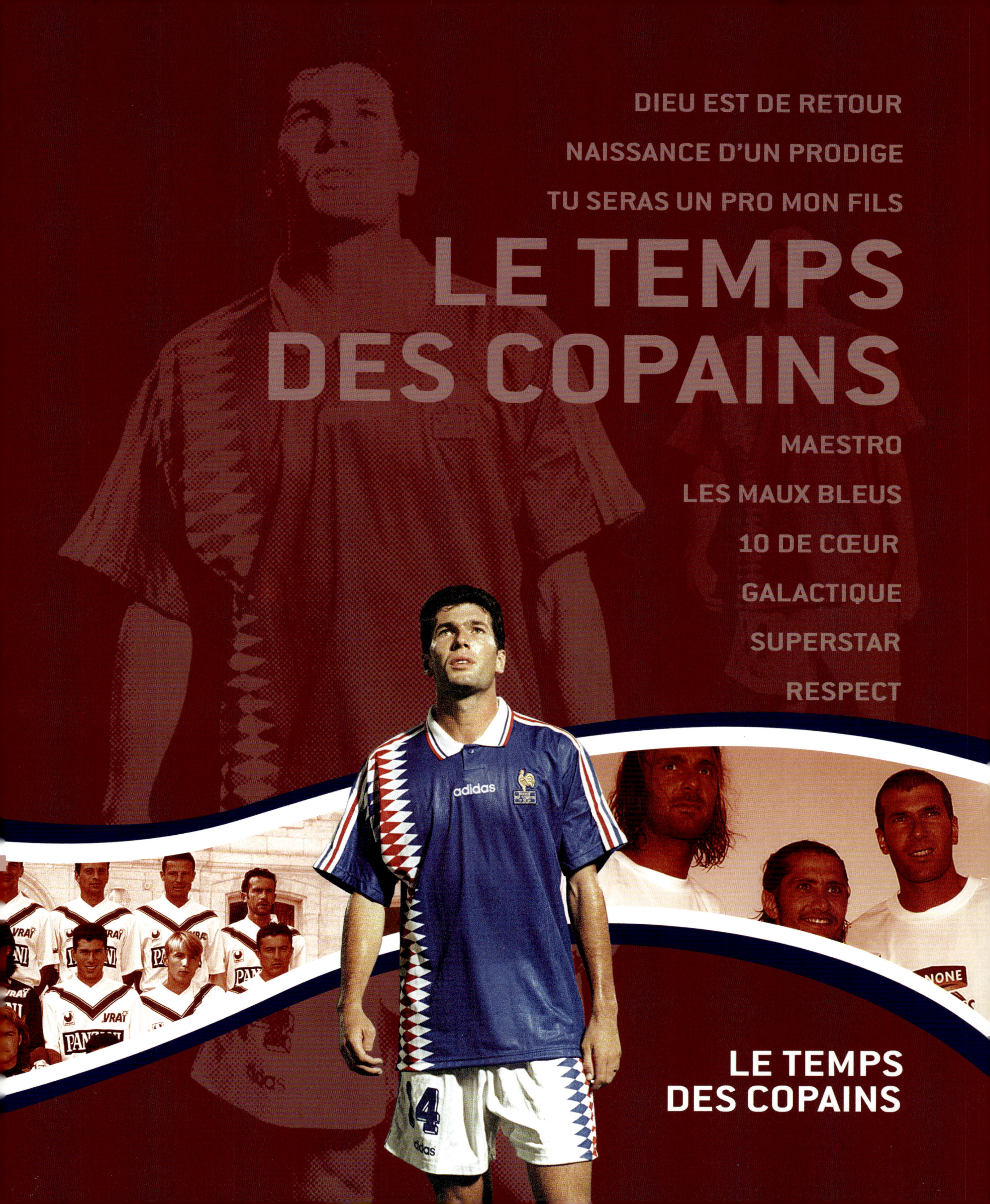

DIEU EST DE RETOUR

NAISSANCE D'UN PRODIGE

TU SERAS UN PRO MON FILS

LE TEMPS DES COPAINS

MAESTRO

LES MAUX BLEUS

10 DE CŒUR

GALACTIQUE

SUPERSTAR

RESPECT

LE TEMPS
DES COPAINS

EN COUPE UEFA 1995-96,
IL MARQUE D'UN LOB DE 40 MÈTRES
FACE AU BETIS SÉVILLE !

Le cœur de Zinédine saigne lorsqu'il débarque à Bordeaux, durant l'été 1992. Car derrière une apparente réserve, Zidane est un gagneur dans l'âme. Sa soif de perfectionnisme ne peut se satisfaire de la dernière saison qu'il vient de vivre. Même s'il est loin d'en être le seul responsable, il ressent la descente de l'AS Cannes en Deuxième division comme un échec personnel. Mais un personnage va très vite l'empêcher de ruminer plus longtemps sur ses performances passées. Cet homme se nomme Rolland Courbis. Rolland « avec deux "L", comme ça il pourra voler plus haut », ainsi que répliqua son père à l'officier d'état civil l'interrogeant sur l'orthographe du prénom de son fils. Une anecdote que le truculent entraîneur des Girondins, à l'époque, ne manque jamais de rappeler à qui lui pose la question. Un Marseillais pure souche réputé tant pour sa gouaille que pour son flair et son goût pour les jeux de cartes. Des qualités qui lui ont parfois joué des tours mais qui, en l'occurrence, lui serviront à obtenir le transfert de Zidane pour une bouchée de pain. Courbis, homme de flair.

Quelques mois auparavant, ce dernier traverse une période difficile. Exilé à Endoume, formation amateur de la banlieue marseillaise, il assiste un jour à un match de l'AS Cannes. Son œil avisé repère aussitôt le phénomène. « Il n'avançait pas. On l'avait exilé sur l'aile. Mais, putain, le minot avait de ces pieds ! Quelle vivacité dans la chaussure ! » Et, miracle, au terme de la saison, Alain Afflelou pense à Courbis pour prendre la direction de l'équipe girondine. Aussitôt, les deux hommes prennent la direction de Cannes, obligé de dégraisser son effectif après sa rétrogradation. Le président cannois, Alain Pedretti, leur propose une liste de noms. Puis le malin Rolland tente un coup de poker en demandant si Zidane allait bien rejoindre les rangs marseillais. Pedretti lâche alors que Tapie n'en veut plus. Courbis jubile : « J'ai massacré les orteils d'Afflelou sous la table. Cinq minutes plus tard, contre un petit chèque de 3 millions de francs (près de 460 000 euros), on repartait avec Zizou dans notre panier » (*L'Express*, 19 septembre 1998). Une véritable aubaine pour un club qui le revendra 35 millions de francs (plus de 5,3 millions d'euros) à la Juventus Turin, quatre ans plus tard.

Très vite, entre le coach et son protégé se noue un lien affectif fort. « Il m'a toujours parlé comme à un fils. Sur un plan humain et sportif, il m'a fait grandir » (*Le Journal du dimanche*, 21 août 1994), reconnaît le champion, qui n'oublie jamais de rendre hommage à ses éducateurs lorsque l'occasion se présente. Pour Courbis, Zidane devient tout naturellement « Zizou », un qualificatif que la France entière reprendra plus tard à son compte.

« Des types adroits, j'en connais. Mais Zizou, c'est différent. Il a un cartilage que les autres n'ont pas » (Rolland Courbis - L'Express, 19 mars 1998).

« Si je suis devenu ami avec lui, au départ, c'est parce que j'avais une grande admiration pour le joueur. Zizou ne se rend pas compte qu'il est l'un des trois meilleurs joueurs du monde » (Christophe Dugarry - L'Équipe, 28 décembre 1998).

Pour l'heure, Zinédine commence à prendre conscience de son potentiel. « Mon arrivée dans cette ville m'a transformé. J'ai eu la bonne idée ou la chance de ne pas rater mon départ. Ma première saison à Bordeaux a été plutôt bonne, puisque j'ai inscrit douze buts en championnat… Et j'ai eu envie de faire encore mieux. Pour moi, ce club était un tremplin idéal : technique, physique et moral. Ma notoriété est née là-bas » (*Onze-Mondial*, décembre 1998).

En Gironde, l'ex-Cannois retrouve Christophe Dugarry, qu'il connaît depuis leurs premières sélections en équipe de France cadets. L'association de la carpe et du lapin. L'un est aussi démonstratif et chambreur que l'autre est timide.

Mais dans l'intimité, le Bordelais de naissance n'a pas de mal à forcer le naturel réservé de son copain. Notamment lors de célébrations d'après-matchs dignes de rugbymen, auxquelles participent aussi le Basque Bixente Lizarazu, boule de nerfs attachante de ce trio lié à la vie à la mort : « Dans le foot, on n'a jamais le temps de prendre son temps. À Bordeaux, on a eu la chance de prolonger nos réussites par de belles troisièmes mi-temps… Dans ces heures-là, l'alcool aidant, il y a de telles paroles, de tels sentiments qui passent… » (*L'Équipe*, 16 juin 1998).

« À FORCE DE RÉPÉTER DES GESTES SIMPLES, DUGA, LIZA ET ZIZOU SE SONT MIS À PARTAGER AUTRE CHOSE. ILS ONT CESSÉ DE PENSER QUE LEUR GESTE ÉTAIT INDIVIDUEL POUR EN FAIRE UN GESTE BORDELAIS. »

(Pierre Labat, un des premiers entraîneurs de Dugarry, chez les Girondins - *L'Équipe*, 16 juin 1998).

« Lorsque nous avons éliminé Milan, il s'est passé quelque chose de cent fois plus important que la victoire elle-même. C'est parce ce qu'on a fait vibrer qu'on s'est fait vibrer »
(Bixente Lizarazu - L'Équipe, 16 juin 1998).

asics

Pour la naissance d'Enzo, le premier fils de Zinédine, Duga se précipite à la clinique dès qu'il apprend l'heureuse nouvelle. Clin d'œil à leur belle amitié, le bébé naît un 24 mars, comme Christophe. Dans un registre beaucoup plus culinaire, les deux hommes ouvrent ensemble une brasserie, *le Nulle part ailleurs*, qui leur sert surtout de QG entre les matchs. Le 19 mars 1996, cette complicité quasi fraternelle engendre un véritable miracle sur le terrain. Ce jour-là, Bordeaux reçoit le prestigieux Milan AC, en quart de finale retour de la Coupe UEFA. Battus 2-0 à l'aller, les joueurs de Gernot Rohr (Rolland Courbis a quitté le club en 1994) n'ont quasiment aucune chance de se qualifier. Mais le public bordelais veut croire à l'exploit « impossible ».

Pour l'anecdote, le speaker du parc Lescure n'est autre que Julien Courbet, devenu depuis l'un des animateurs vedettes de TF1. Parfois critiqué pour ne pas suffisamment prendre le jeu à son compte, alors que son génie naturel l'autoriserait à être le patron de l'équipe, Zidane éclabousse la rencontre de son talent. Et même s'il ne marque pas, il donne le tournis aux *Rossoneri*. Menés 1-0 à la mi-temps, les joueurs du président Berlusconi encaissent deux autres magnifiques buts de Dugarry aux soixante-quatrième et soixante-dixième minutes. Un exploit qui marque les esprits, y compris celui du plus italophile des Français, Michel Platini : « Ce match est celui qui m'a convaincu que Zizou ne resterait pas simplement un petit artiste comme on a pu en voir beaucoup. Ce soir-là, il a véritablement pris l'équipe à bras le corps, il est allé au charbon ! Il a impulsé tout un système qui a conduit à une qualification d'anthologie. Cette rencontre lui a vraiment fait passer un cap » (*Onze-Mondial*, décembre 1998).

« Avec Dugarry, c'est plus intime (il se cotoient depuis l'équipe de France cadets). Quand on était petits, on était cons, on jouait à « C'est moi le meilleur ! - Non, c'est moi ! » (Zinédine Zidane - L'Équipe, 16 juin 1998).

Le 17 août 1994, comme Platini dix-huit ans plus tôt (déjà contre les Tchèques), Zidane marque pour sa première sélection chez les A. Bientôt, le numéro 10 sera le sien. Un événement qu'il fête comme il se doit avec Véronique, qu'il a épousée trois mois plus tôt.

LA VIE

LA VIE EN BORDEAUX

LA VIE EN BORDEAUX

EN BORDEAUX

Zizou et ses copains atteignent même la finale (lui et Duga sont malheureusement suspendus pour le match aller), où ils tombent sur un Bayern Munich bien trop réaliste pour leur laisser une chance d'aller au bout de leur rêve. Vingt ans plus tôt, Saint-Étienne avait connu la même désillusion en Coupe d'Europe des clubs champions, rebaptisée Ligue des champions dans les années 1990. Bientôt, Zidane, Dugarry et Lizarazu iront exercer leur talent aux quatre coins de l'Europe. Leur amitié n'en restera pas moins indestructible et se manifestera de nouveau sur le terrain, grâce à leur épopée sous le maillot de l'équipe de France. Une aventure en bleu débutée deux ans plus tôt.

Entre-temps, Zinédine s'est épanoui à Bordeaux, où Véronique l'a suivi. Celle-ci devient Mme Zidane le 28 mai 1994. Le château du Haillan, siège des Girondins de Bordeaux et lieu d'entraînement du footballeur et de ses partenaires, accueille la réception qui suit. Trois mois plus tard, Zizou décroche sa première sélection en équipe de France A. Celle-ci intervient le 17 août, à l'occasion d'un France-République tchèque, disputé... à Bordeaux. À la soixante-troisième minute, le sélectionneur Aimé Jacquet le désigne pour remplacer l'Auxerrois Corentin Martins. Ses premières foulées sont hésitantes.
À cet instant de la partie, les Français sont menés 0-2. Bien sûr, il ne s'agit que d'un match amical. Mais à trois

Avec notamment Lizarazu à ses côtés, il réalise un festival pour sa première apparition chez les A, face aux Tchèques. Un an plus tard, il marque une nouvelle fois les esprits grâce à un succès en Roumanie.

« 10, MON NUMÉRO EN ÉQUIPE DE FRANCE, LE PLUS BEAU DU MONDE…
JE SAIS CE QU'IL REPRÉSENTE POUR LES GENS. DANS LES VESTIAIRES, À CHAQUE FOIS QUE JE L'ENFILE, MON REGARD S'ARRÊTE AU DESSUS DE CE 10. LE MIEN. » (Zinédine Zidane - *Télé 7 Jours*, 30 mai au 5 juin 1998).

adidas
10
3
12
8
CAMINERO
15

semaines du début des éliminatoires de l'Euro 1996, une telle défaite ferait désordre. Soudain, Zidane expédie un tir de 25 m en pleine lucarne puis bat une seconde fois le gardien tchèque, de la tête, son point « faible ». Une étoile est née.

Malheureusement, malgré une campagne de qualification réussie, avec notamment un Roumanie-France remporté 1-3 (Duga, Liza et Zizou sont tous trois sur la pelouse et le troisième but est marqué par le meneur de jeu bordelais), l'Euro anglais s'achève en demi-finales pour les Bleus, battus par la République tchèque aux tirs au but. Surtout, la prestation de Zidane durant son premier grand rendez-vous international ne restera pas dans les annales. La faute à un accident de voiture survenu quelques jours avant le coup d'envoi de l'épreuve. « Un très mauvais souvenir pour moi. Mais j'ai retenu une chose essentielle : ce genre de compétition, il ne faut la jouer que lorsqu'on est à 300 %, sinon, mieux vaut renoncer. J'ai fait une erreur grossière en insistant pour être sur le terrain, car je savais, je sentais, dans mon corps et dans ma tête, que je n'étais pas bien » (*Onze-Mondial*, décembre 1998). Malgré cela, Aimé Jacquet lui maintient sa confiance, lui qui a sa petite idée dans l'optique d'une échéance plus importante encore, le Mondial 98, en France. L'heure de la revanche pour Zidane et ses copains…

DJORKAEFF OU ZIDANE ?
JACQUET NE CHOISIT PAS. IL ASSOCIE LES DEUX,
BIENTÔT POUR LE MEILLEUR…

DIEU EST DE RETOUR

NAISSANCE D'UN PRODIGE

TU SERAS UN PRO MON FILS

LE TEMPS DES COPAINS

MAESTRO

LES MAUX BLEUS

10 DE CŒUR

GALACTIQUE

SUPERSTAR

RESPECT

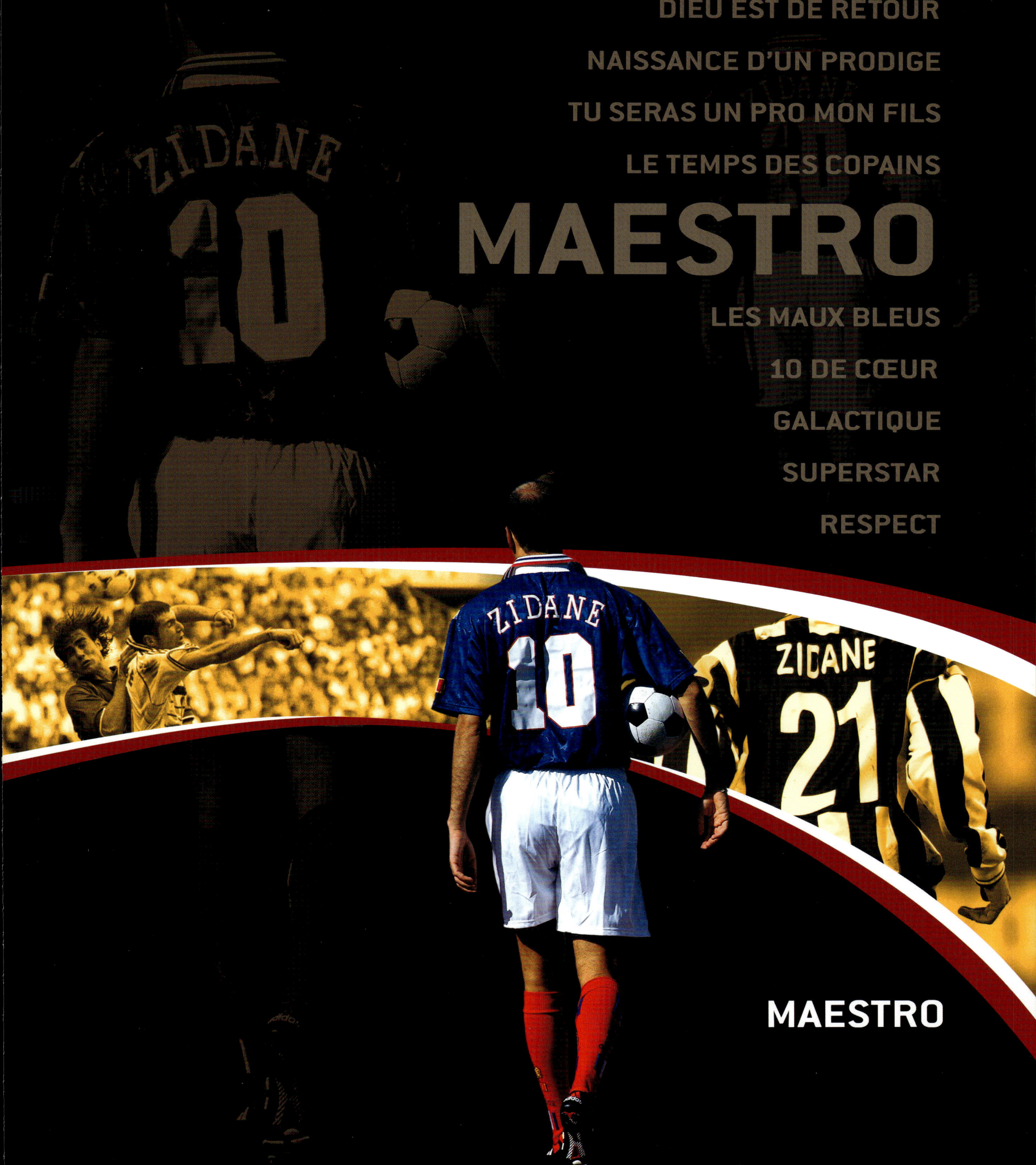

MAESTRO

« Zidane, c'est le joueur dont on m'a parlé ou c'est celui que j'ai vu au championnat d'Europe ? » En entendant ce commentaire de « bienvenue » prononcé par l'*Avvocato* Giovanni Agnelli, maître tout puissant de la Juventus Turin et patron de la Fiat, Zizou comprend immédiatement qu'en venant en Italie, il bascule dans un autre monde. Ici, on ne plaisante pas avec le football, hissé au rang de religion. Pourtant prévenu par Didier Deschamps, qui joue pour la Vieille Dame depuis deux ans déjà, Zidane termine les premiers entraînements sur les rotules. Il avoue même parfois qu'il lui arrive de vomir, tellement les séances physiques sont musclées. On est très loin de la dolce vita. Ses premiers mois dans le Calcio sont sévèrement critiqués par la presse italienne. Non pas que Zizou soit mauvais, mais il n'apporte pas au jeu la lumière espérée. À sa décharge, son coach Marcello Lippi lui impose des tâches défensives qui ne sont pas forcément son point fort à l'époque. Avant de devenir l'une des figures les plus marquantes des *Bianconeri*, Platini lui-même avait connu des débuts difficiles au sein du club piémontais, en 1982.

Pas de quoi affoler Zidane, donc, qui redouble d'efforts à l'entraînement. Puis c'est le déclic, à l'occasion d'un match contre l'Inter Milan. Le Français, replacé à un poste qui lui convient mieux, étale sa maestria et marque un but qui fait taire les sceptiques. En fin de saison, le bilan dépasse ses espérances.

La créatine, tolérée en Italie, n'explique heureusement pas tout. À la Juve, la préparation physique concoctée par Gianpiero Ventrone, dit « le Marine », vous transforme un homme. Didier Deschamps et Zizou en savent quelque chose.

« DE LA CRÉATINE, TOUT LE MONDE EN A PRIS.
J'EN AI PRIS... CE N'EST PAS INTERDIT. »

(Zinédine Zidane - *L'Équipe magazine*, 30 décembre 1998).

ZIDANE
21

ZIDANE VS FRANCESCOLI

Depuis son arrivée chez les professionnels, il n'avait encore rien gagné. En une année à la Juve, son palmarès impressionne déjà : champion d'Italie, Supercoupe d'Italie, Supercoupe d'Europe et Coupe intercontinentale. Ce trophée, précisément, évoque un moment magique pour le Français, opposé à cette occasion au River Plate d'Enzo Francescoli (après l'OM, le joueur a rejoint l'Italie avant de terminer sa carrière dans le club argentin où il avait déjà évolué plus jeune), son idole. « J'étais très impressionné de le voir en face de moi. Je lui ai parlé quelques minutes et il m'a offert son maillot dont je me sers souvent comme pyjama. Et lorsqu'il a appris que j'avais prénommé mon premier fils Enzo en son honneur, il en a été sincèrement ému » (*Onze-Mondial*, décembre 1998).

« **ENZO, C'ÉTAIT MON IDOLE.** J'AVAIS UN TAS DE POSTERS DE LUI DANS MA CHAMBRE… SI J'AVAIS PU LE CROISER À CETTE ÉPOQUE, JE ME SERAIS MIS À GENOUX ET **JE LUI AURAIS EMBRASSÉ LES PIEDS !** »
(*Onze-Mondial*, décembre 1998).

Seul regret de cette première année transalpine : une finale de Ligue des champions perdue face au Borussia Dortmund. L'année suivante, il inscrit un nouveau *Scudetto* (championnat d'Italie) à son actif mais échoue une nouvelle fois en finale de la Ligue des champions, face au... Real Madrid.
Sa troisième défaite d'affilée dans une finale européenne. Autant dire que le maître à jouer de la Juve n'envisage rien d'autre que la victoire lorsque débute la Coupe du monde 1998. Déjà bien avant le mois de juin, Zidane évoque avec envie le Mondial, le premier organisé en France depuis 1938. « Je n'en fais pas une fixation. Ce sera tellement beau que j'ai le temps d'y penser. Quelques fois, quand même, j'en parle avec mon pote (son ami d'enfance, Malek, qu'il a fait venir à Turin) et j'ai des flashs : je me vois soulever la Coupe du monde ! » (*L'Équipe*, 24 décembre 1997).

« LE CHALLENGE LE PLUS IMPORTANT ÉTAIT D'ALLER EN ITALIE, DE PARTIR À L'ÉTRANGER SUR LES TRACES DE MICHEL PLATINI.
C'EST LA JUVE QUI M'A DONNÉ CETTE AMPLEUR ET, SANS CE CLUB, TOUT AURAIT ÉTÉ DIFFÉRENT »
(Zinédine Zidane - *L'Équipe*, 12 août 2004).

lotto
TELE +

LA JUVENTUS

« JE VEUX TOUT PRENDRE ET TOUT RÉUSSIR SUR LE TERRAIN. PAR EXEMPLE, JE NE SUPPORTE PLUS DE PERDRE UN BALLON OU UN DUEL. AVANT (LA JUVE), JE ME CONTENTAIS DE MOINS »

(Zinédine Zidane - *L'Équipe*, 2 juillet 2000).

DE TURIN

BOUTIQUE - FAN-CLUB
10
SONY
BOUTIQUE, FAN-CLUB

En rejoignant la Juventus, il devient une superstar internationale. Une boutique à son nom ouvre d'ailleurs sur la plus belle avenue du monde : les Champs-Élysées. Mais son foyer reste la première de ses priorités.

LA DOLCE VITA

CE VITA

En Italie, le Français profite de ses moments de détente pour lire la presse ou soigner son look : « Dans l'esprit de mon père, les pattes, c'était un signe de virilité. Aujourd'hui, si j'en porte, c'est pour lui. Bien sûr il ne me demande plus rien. Mais quand il estime qu'elles ne sont pas à la bonne hauteur...il me dit quand même : " Mon fils, tes pattes sont un peu courtes. " Alors, je les laisse pousser » (Zidane, le roman d'une victoire - éditions Robert Laffont).

NOV ARA
ITALIANO
15
8
23
BIRRA

BLACK &
CURVA SUD
NUCLEO
VENETO
FORZA
ZIDANE !

adidas

Le match inaugural du Stade de France, disputé le 28 janvier 1998, renforce sa conviction. Malgré une température de – 4 °C, le public s'enflamme quand le numéro 10 tricolore marque le seul but de la soirée. Le premier d'un match officiel au Stade de France. L'Espagne est vaincue, mais séduite par Zidane, à qui elle ouvrira ses bras en 2001. Avant de devenir un membre éminent du Real Madrid, le numéro 10 français veut être un citoyen du monde. Et même champion du monde avec les Bleus ! À lire les commentaires peu élogieux de l'époque sur l'équipe de France, malgré les coups de génie de son meneur de jeu, le défi qui attend la sélection relève de la mission impossible. Bien que blessé par les critiques, Aimé Jacquet maintient le cap. Notamment en conservant sa confiance à Christophe Dugarry, vieux complice de Zizou, brocardé par une grande partie du public et « assassiné » par la presse. Le 12 juin, l'ancien Bordelais, devenu milanais puis barcelonais, catapulte pourtant le ballon dans les cages de l'Afrique du Sud, premier adversaire des tricolores dans ce Mondial. Un ballon déposé sur sa tête par Yazid, son ami. Tout un symbole… Comme l'est le lieu de cette rencontre, ce Stade-Vélodrome où l'ex-minot de la Castellane vint plus d'une fois traîner ses fonds de culottes pour encourager son OM chéri.

LE DÉBUT D'UNE HISTOIRE D'AMOUR ENTRE ZINÉDINE ET LE STADE DE FRANCE :
« JE SUIS CONSCIENT QUE, DANS CE STADE, IL SE PASSE QUELQUE CHOSE DE PARTICULIER. »

ZIDANE
10

Inspiré par sa terre natale, Zizou est l'homme orchestre d'une victoire sans discussion, 3-0, déjà ! Du même coup, il fait naître un espoir fou chez ses coéquipiers comme dans l'esprit des supporters français. Malheureusement, dès le deuxième match, le génial Zidane se transforme en vengeur, même pas masqué, essuyant ses crampons sur un Saoudien un peu trop zélé. L'arbitre n'hésite pas. Carton rouge. Exit le magicien. Mais pas ses rêves de grandeur. « Non, mes pensées sont exactement à l'inverse ! Parce que, dans ma tête, depuis le début de la compétition, j'ai toujours pensé positif. Et même si je ne suis pas sur le terrain contre le Danemark, et en huitièmes, j'y crois très fort. L'équipe de France se qualifiera et je retrouverai mes collègues en quarts » (*L'Équipe*, 21 juin 1998). Un peu divin, un peu devin, Zidane voit juste. Ses partenaires battent tout d'abord le Danemark, lors d'un dernier match de poule, avant d'écarter le Paraguay, grâce à un but en or de Laurent Blanc. C'est d'ailleurs en arborant une tenue de cette couleur que les Bleus « blancs » affrontent l'Italie, au Stade de France. Evidemment, entre les Français de la Juve et les Italiens de la Vieille Dame, on se chambre gentiment. Au terme d'un insoutenable suspense, les Coqs auront le dernier mot dans la séance de tirs au but. Zidane, lui, repense sûrement aux progrès accomplis ces deux dernières saisons aux côtés de ses coéquipiers transalpins, adversaires d'un jour.

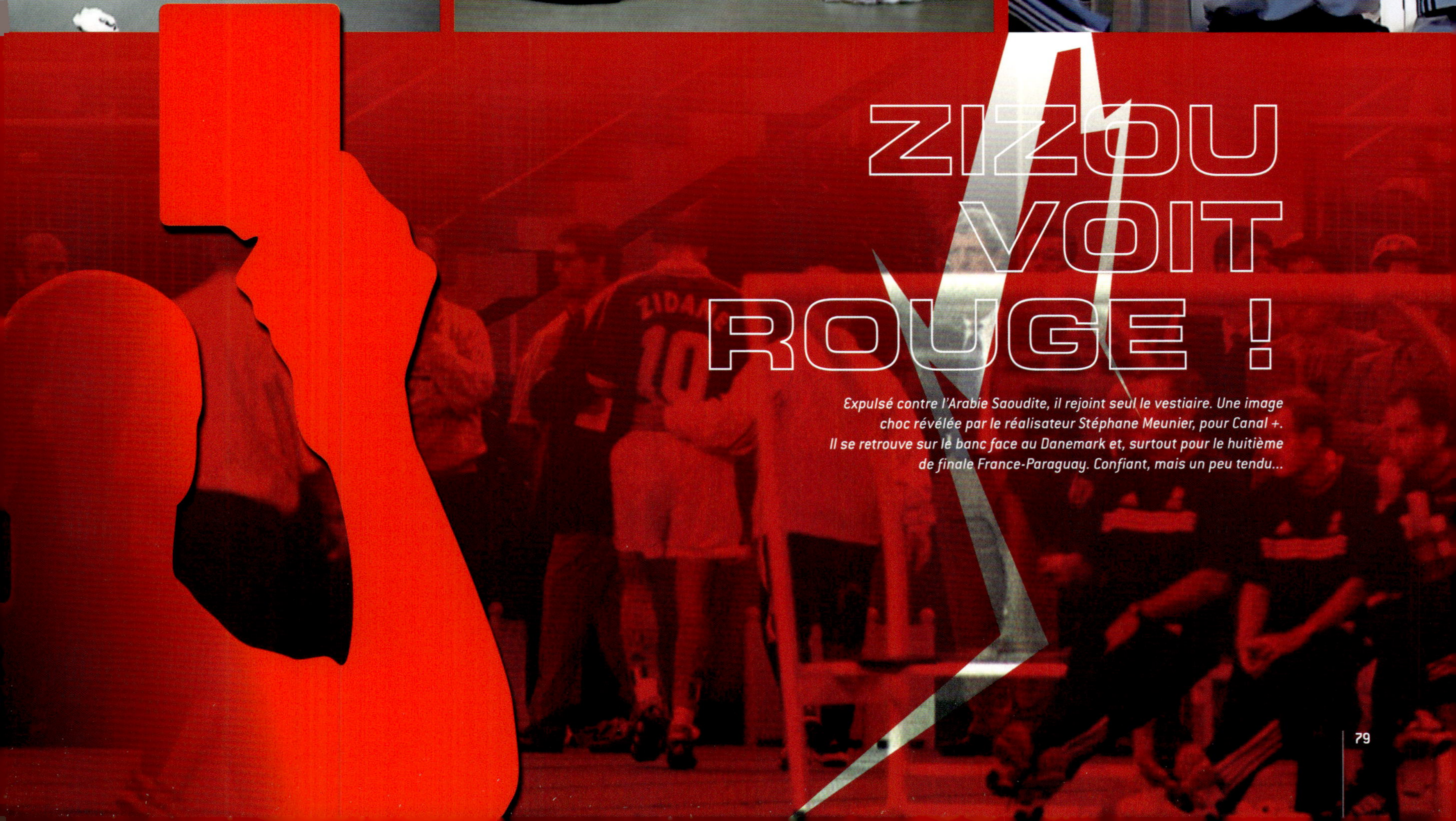

ZIZOU VOIT ROUGE !

Expulsé contre l'Arabie Saoudite, il rejoint seul le vestiaire. Une image choc révélée par le réalisateur Stéphane Meunier, pour Canal +. Il se retrouve sur le banc face au Danemark et, surtout pour le huitième de finale France-Paraguay. Confiant, mais un peu tendu...

ZiZ

OU

EURO 2000 EURO 2000 EURO 2000
A. PETIT
17
COUCOU !!
C'EST NOUS LES FEMMES
AVEC VOUS ET POUR VOUS
FAITES NOUS UN SIGNE
MERCI LES BLEUS !

« Le fou rire m'a pris quand j'ai lu cette banderole dans la tribune des femmes : " Merci, chéri, de faire la vaisselle." Cette Coupe du monde a réconcilié les couples et le football » (Henri Émile, ex-intendant des Bleus - L'Équipe magazine, 30 décembre 1998).

SOUS LE CHARME DE ZIDANE ET SA BANDE, COMME LES FEMMES DE JOUEURS, LES FRANÇAISES SE CONVERTISSENT AU FOOTBALL EN 1998. CONFIRMATION DEUX ANS PLUS TARD À L'EURO.

Dans le car qui mène les Bleus au stade, Zinédine découvre le formidable enthousiasme qui accompagne la finale France - Brésil.

« IL FAUT QUE TU NOUS FASSES GAGNER UN MATCH. ET SI J'AI À CHOISIR, JE TE GARANTIS QUE **CELUI-LÀ, CE SERAIT PAS MAL. »**

(Laurent Blanc, suspendu, quelques heures avant la finale de la Coupe du monde - DVD : *Zinédine Zidane, comme dans un rêve* - Studio Canal).

Après une demi-finale gagnée dans la douleur, 2-1 face à la Croatie (deux buts aussi providentiels qu'improbables du défenseur Lilian Thuram), Zizou aura l'occasion d'affirmer plus encore sa nouvelle maturité. De son propre aveu, son jeu de tête n'a jamais été l'un de ses points forts. C'est pourtant grâce à cette partie du corps qu'il ouvre la voie d'un succès quasi inespéré sur le Brésil, en finale. Sur un corner tiré par Emmanuel Petit, à la vingt-septième minute, Zidane s'élève plus haut que tout le monde et bat une première fois Claudio Taffarel, le grand gardien de la *Seleçaô*. Un premier miracle, suivi d'un deuxième, juste avant la pause. Youri Djorkaeff tire ce nouveau corner. « Zorro » Zidane tente de nouveau sa chance. Jackpot ! La machine à rêve s'emballe quand le tableau d'affichage indique 2-0 pour la France. Qui plus est face au champion du monde en titre ! Mais il reste tout de même une deuxième mi-temps. Certains spectateurs ont encore en mémoire le retournement de situation du France-RFA de Séville, en 1982. Les Bleus de Platini menaient 3-1 durant la prolongation avant de se faire rejoindre, puis battre aux tirs au but. Adieu finale ! Là, les tricolores tutoient déjà les étoiles. Surtout une, celle qu'ils arboreront bientôt sur leur maillot.

La victoire se confirme lorsqu'Emmanuel Petit inscrit le troisième et dernier but, au grand soulagement d'un peuple trop longtemps frustré d'une vraie reconnaissance

sportive mondiale, même si les Barjots du handball, trois ans plus tôt, avaient fait naître quelque espoir. Et c'est une France étiquetée « black, blanc, beur », à l'image de son équipe nationale composée, entre autres, de Lilian Thuram l'Antillais, Stéphane Guivarch' le Breton et bien évidemment Zinédine Zidane le Kabyle, qui laisse éclater sa joie dans les villes comme dans les campagnes. Aux larmes – de joie – citoyens ! Comme celles de Yazid, quand il embrasse sa femme, Véronique, venue au stade avec leur fils Enzo dans ses bras. Le bonheur est total pour Zizou, une deuxième fois papa (d'un petit Luca), peu avant le début du Mondial.

« Aimé Jacquet, avant le match, nous avait dit que les Brésiliens faisaient un marquage, mais pas strict, et qu'il fallait en profiter sur les corners. Il ne parlait pas à moi (rires). Il parlait à tous les autres mais moi j'ai entendu… Alors je me suis dit : « peut-être que moi aussi. Peut-être que j'irai mettre la tête et que ça va marcher. »
(Zinédine Zidane, comme dans un rêve)

« Lorsqu'il descend du podium après avoir reçu la coupe, je suis avec Enzo, il nous prend dans ses bras et il éclate en sanglots... j'en avais des frissons » (Véronique Zidane - Oh La ! 22 octobre 1998).

APRÈS KOPA, PLATINI ET PAPIN, ZIDANE EST LE QUATRIÈME JOUEUR FRANÇAIS À RECEVOIR LE PRESTIGIEUX BALLON D'OR-FRANCE-FOOTBALL.

« JE SUIS SURTOUT CONTENT D'AVOIR MA FAMILLE QUI EST LÀ. »

(Zinédine Zidane, en présence de son grand-père, de sa maman, de son épouse et de leur fils Enzo - Remise du Ballon d'or 1998 devant les caméras de France 2.).

La Zizoumania bat alors son plein. Elle se manifeste notamment par l'attribution du Ballon d'or-France-Football, récompensant le meilleur joueur évoluant en Europe. Elle atteint son apogée deux ans plus tard, quand les champions du monde s'attaquent au défi européen. Remporter l'Euro après s'être imposée en Coupe du monde, aucune équipe n'a encore réussi ce pari.

Aimé Jacquet sanctifié, après avoir été honni, a pris de la hauteur, en devenant directeur technique national. Le nouveau patron des Bleus n'est autre que son adjoint, Roger Lemerre. Lui et les siens arrivent au championnat d'Europe avec une seule défaite au compteur depuis plus de deux ans, concédée en éliminatoires, à domicile face à la Russie. Ce jour-là, Zidane était d'ailleurs absent. En Belgique et aux Pays-Bas, théâtres de la compétition, il est bel et bien présent.

Il est même « LE » joueur de cet Euro 2000. Déjà affûté lors des matchs de poule contre le Danemark et la République tchèque, super Zizou sort vraiment le grand jeu contre les Espagnols, en quart, puis face aux Portugais, en demi-finale. Un coup franc platinien réservé aux premiers (2-1). Un penalty en or pour achever les seconds (2-1). Et c'est une finale âprement disputée qui l'attend face à ses « collègues » italiens. Ceux-ci ont bien l'intention de prendre leur revanche sur ces *Francese* effrontés qui les ont battus au Mondial.

QUELQUES SECONDES DE BONHEUR... POUR L'ÉTERNITÉ.

Le plan anti-Zidane fonctionne à merveille jusqu'à la quatre-vingt-dixième minute. Heureusement, le talent du maestro de la Juventus est contagieux. Au moment où tout semblait perdu, Sylvain Wiltord égalise, au grand dam des remplaçants italiens, qui commençaient à se congratuler au bord du terrain. Plus savoureux encore : la première prolongation est sur le point de s'achever. Soudain, David Trezeguet expédie le ballon en pleine lucarne. But en or ! Celui-ci le propulse dans la foulée de Monaco à la Juventus, où il rejoint le maître. En fin d'année, ce dernier manquera de remporter un deuxième Ballon d'or, à quelques voix seulement. La faute sans doute à deux cartons rouges écopés en Ligue des champions. Mais, désormais, il attire les convoitises d'un club plus mythique encore, le Real Madrid, qui lui fait les yeux doux pendant toute la saison suivante. Après Cannes, Bordeaux et la Juventus, Zidane est sur le point d'entrer dans sa quatrième dimension, celle de la galaxie madrilène.

Euro 2000 : les Bleus signent un doublé historique
après le succès en Coupe du monde 1998 !

hummel
DBU
adidas

DIEU EST DE RETOUR

NAISSANCE D'UN PRODIGE

TU SERAS UN PRO MON FILS

LE TEMPS DES COPAINS

MAESTRO

LES MAUX BLEUS

10 DE CŒUR

GALACTIQUE

SUPERSTAR

RESPECT

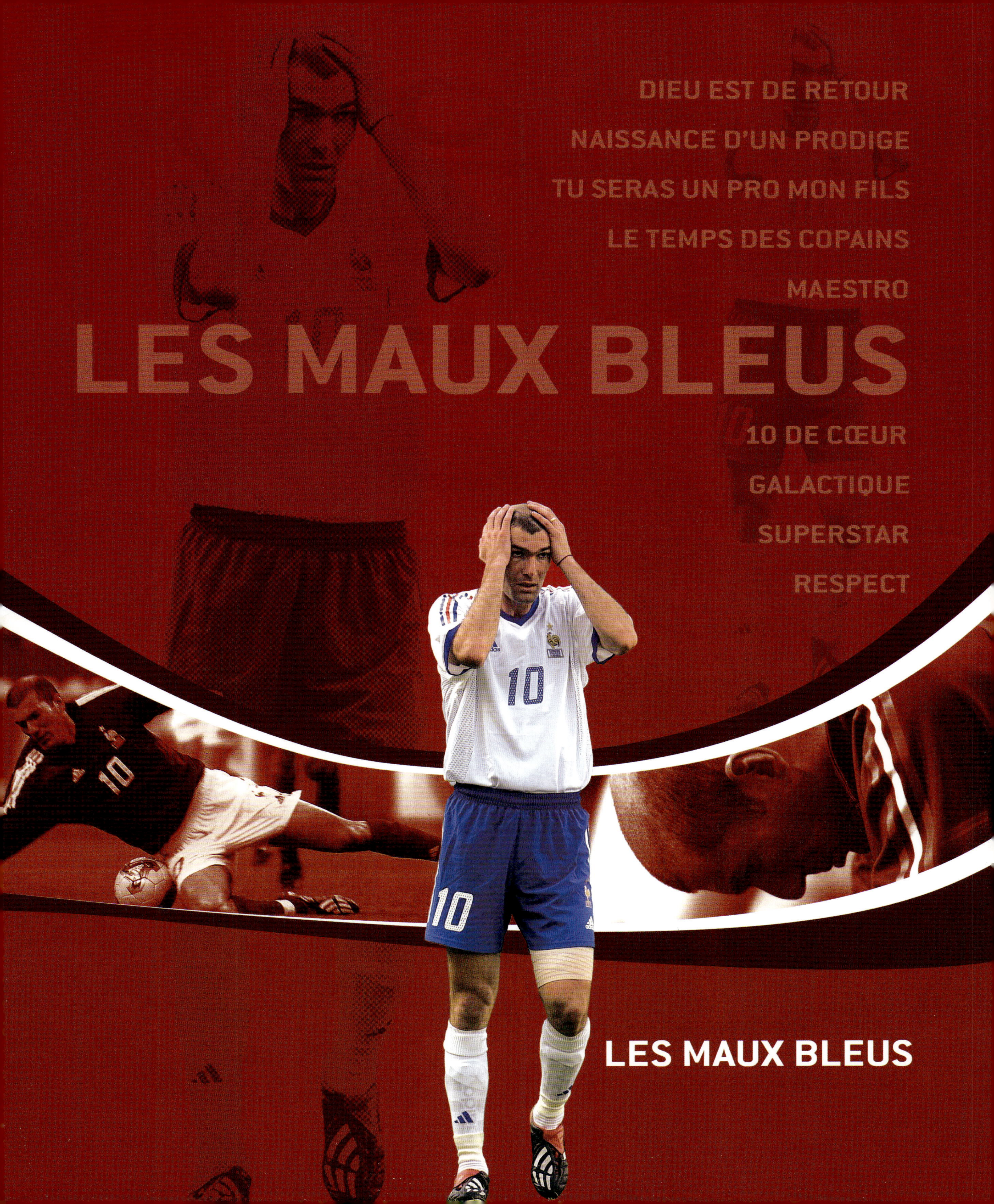

LES MAUX BLEUS

월드컵 2002*

* *Coupe du monde 2002*

Et un, et deux, et trois-zé-ro ! Quand arrive le mois de mai 2002, les supporters français n'ont plus qu'une chose en tête : revivre les instants magiques du 12 juillet 1998. Ce soir-là, les Bleus terrassaient les intouchables – du moins le croyait-on – Brésiliens. Le scepticisme ambiant avait laissé place à une euphorie aveuglante. Quatre ans plus tard, la France se croit irrésistible. Un sentiment entretenu par la victoire à l'Euro 2000. Une première alerte aurait dû tempérer les ardeurs gauloises. Deux mois avant le début de la compétition, Robert Pires, étincelant avec le club anglais d'Arsenal, doit jeter l'éponge, victime d'une rupture du ligament croisé du genou. Autre motif d'inquiétude : une défaite de mauvais goût, concédée devant la Belgique. Le Stade de France s'était pourtant paré de bleu pour fêter le départ de ses favoris vers le continent asiatique. Zidane, lui, était resté auprès de son épouse, qui venait de lui donner un troisième fils : après Enzo et Luca, voici venu Théo ! Autant dire que le papa s'envole pour la Corée du Sud avec un léger handicap. Professionnel jusqu'au bout des ongles, Zinédine n'en est pas moins homme : difficile de laisser sa petite famille à l'autre bout du monde sans ressentir un pincement au cœur. Malgré tout, « the show must go on ».

ZIDANE, BLESSÉ À MOINS D'UNE SEMAINE DU MONDIAL !

« Je n'ai pas besoin d'un règlement, cela ne va rien changer à ma manière de me comporter, je ne les lis jamais. Le sélectionneur a envie de faire passer quelque chose. Moi, je suis marié et père de trois enfants et personne n'a à me dire ce que je dois faire »
(Zinédine Zidane - Point presse pendant la Coupe du monde 2002).

Et c'est bien de show dont il s'agit quand, le 26 mai, les Tricolores rencontrent la Corée du Sud. Un match organisé inopportunément, cinq jours avant un France-Sénégal marquant l'ouverture du Mondial. Épuisés par leur saison, un long voyage en avion et le décalage horaire, les Bleus affrontent, peu après leur arrivée, une équipe galvanisée par un peuple avide de voir les siens dévorer les champions du monde en titre. Il s'en faut de peu qu'ils n'y parviennent. La troupe de Roger Lemerre doit s'employer pour arracher une victoire in extremis : 2-3. Une débauche d'énergie qui coûte cher. Ce succès ressemble déjà à une défaite : Zinédine Zidane, victime d'une contracture à la cuisse gauche, sort en cours de partie. La France retient son souffle. Le verdict tombe. Par la voix même de la star : « Je suis forfait pour au moins un match… mais j'espère bien pouvoir disputer le deuxième du Mondial. » Malheureusement, le numéro 10 devra patienter une partie de plus, avant d'effectuer sa rentrée. Un retour dicté par le devoir, plus que la raison… Car ce qui s'annonçait comme une grande fête du football entre les Français et leurs « frères » sénégalais s'est transformé en cauchemar pour Fabien Barthez et ses coéquipiers. Une défaite 0-1 sonnant comme une revanche pour les Lions de la Teranga, surnom des représentants du Sénégal, habitués à renforcer les effectifs des clubs de l'Hexagone. Ce jour-là, les Lions étaient affamés !

GUÉRIR À TOUT PRIX !

DÉFAITE CONTRE LE SÉNÉGAL...
LE DOUTE S'INSTALLE.

adidas
AIR

Dès le deuxième rendez-vous, les Bleus sont sous la menace d'un retour quasi-direct pour Paris. Défaite interdite contre l'Uruguay, sous peine de n'avoir à jouer ensuite qu'un dernier match pour l'honneur, face au Danemark. Zidane est bien présent dans le stade, mais préfère suivre la rencontre sur un écran, dans le vestiaire. Il stresse d'autant plus qu'il assiste, impuissant, à l'expulsion de Thierry Henry dès la 25e minute. À dix contre onze, Marcel Desailly et ses partenaires conservent malgré tout le point du match nul, 0-0. Tout n'est pas encore perdu, bien que l'ambiance ne soit pas brillante au sein de l'effectif. Roger Lemerre ne fait plus l'unanimité. Pourtant, l'espoir demeure chez les supporters. Surtout, Zidane revient pour le match contre le Danemark. Mais très rapidement, même les plus optimistes comprennent que le champion joue sur une jambe. Résultat, les Scandinaves piétinent sans état d'âme les dernières illusions tricolores. À la fin d'un match perdu 2-0, Zizou et ses camarades errent comme des zombies sur la pelouse d'Incheon. Digne, comme à son habitude, le Ballon d'or 1998 se dit « déçu », mais préfère ne pas parler à chaud. Respectueux de son entraîneur, suffisamment visé par la critique, il concèdera tout de même ces quelques mots à la presse : « Cet échec est celui des joueurs. Chacun sait ce qu'il a fait, et ce qu'il n'a pas fait. » Pendant ce temps, en France, blagues assassines, pubs et slogans détournés courent sur le Net. Au cocardier « On est les champions ! On est les champions ! » succède un cruel « On est dans l'avion ! On est dans l'avion ! »

« TOUS COUPABLES »

« Tu réfléchis, tout le film te passe dans la tête. Tu te dis qu'il faut marquer trois buts, mais que c'est impossible, que c'est fini. Voilà… » (Zinédine Zidane - L'Équipe, 30 juillet 2002).

EURO

Roger Lemerre est poussé vers la sortie. Jacques Santini, entraîneur champion de France avec l'Olympique Lyonnais, lui succède. Sa mission ? Tout d'abord recoller les morceaux d'une équipe fracassée par sa mésaventure coréenne, puis qualifier le onze bleu blanc rouge pour l'Euro 2004, au Portugal. Une tâche dont il s'acquitte avec succès, bien que les premières sorties de ses protégés n'incitent guère à l'enthousiasme : 1-1, en amical face à la Tunisie de... Roger Lemerre, puis une victoire tirée par les cheveux (1-2), à Chypre. Mais après la claque du Mondial, la confiance ne peut revenir comme par miracle. Elle réapparaît après quelques victoires nettes sur la Slovénie (5-0) et Malte (0-4). Puis la République tchèque tire le signal d'alarme, heureusement en match amical, s'imposant 0-2 au Stade de France, en février 2003. Malgré tout, avant d'aborder l'Euro 2004, les Bleus paraissent armés pour conserver leur titre européen. Au cours des éliminatoires, ils ont gagné toutes leurs confrontations. Surtout, ils ont marqué les esprits, le 15 novembre 2003, en terre germanique.

2004

Emmenés par un Zidane étincelant, ils donnent la leçon à l'Allemagne, battue 0-3 (un but de Thierry Henry et deux de David Trezeguet) dans l'Arena AufSchalke, stade deGelsenkirchen programmé pour accueillir la Coupe du monde 2006. Arrive alors ce rendez-vous phare du premier tour de l'Euro : France-Angleterre. Une affiche galactique opposant deux des plus beaux joyaux du Real Madrid, Zinédine Zidane et David Beckham. En dehors du terrain, le second vole incontestablement la vedette au premier. Marié à Victoria, une ancienne Spice Girl, sa vie privée est disséquée par les tabloïds britanniques. Sur le terrain, avantage au Français, qui voit ici l'occasion de confirmer cette suprématie, même s'il ne s'agit sans doute pas de sa motivation première. Ce soir-là, il rétablit à lui tout seul une situation bien compromise pour les champions d'Europe en titre. Le temps réglementaire est terminé, l'Angleterre mène 0-1. Auparavant, Fabien Barthez a détourné un penalty de Beckham. Signe du destin ? Zidane enfile alors sa panoplie de super-héros : ZZ, le retour...

adidas
Atlantis Crystal

D'un coup franc rageur, Zizou égalise et procure du même coup une bonne dose de bonheur aux téléspectateurs français, encore frustrés du Mondial 2002 – certains joueurs se demandent encore s'ils ont vraiment pris part à cette compétition. Deux minutes plus tard, lorsqu'il transforme le penalty sifflé sur Thierry Henry, c'est l'extase ! God save Zidane ! 2-1 : un score inespéré pour des Bleus passés tout près de la punition. Dans la foulée, ils s'en sortent tout juste devant la Croatie (2-2). Le malaise est palpable. Jamais on n'avait encore vu Zizou, le réservé, donner autant du geste et de la voix. Puis les hommes de Jacques Santini – plus pour longtemps, d'ailleurs, puisque le sélectionneur national a annoncé son départ pour Tottenham, une fois l'Euro terminé – s'imposent, non sans difficulté, contre la Suisse (3-1). L'heure de vérité sonne enfin. En quart de finale, contre la Grèce, l'à-peu-près n'est plus autorisé. Malheureusement, la France produit la plus pauvre de ses prestations. Charisteas, l'avant-centre des Hellènes, ne témoigne aucune pitié quand il s'agit d'expédier d'un coup de tête le ballon dans les filets de Barthez. Fin d'une époque. Après ce nouveau revers, les départs à la retraite s'enchaînent : Marcel Desailly, Lilian Thuram, Bixente Lizarazu... Quid de Zinédine Zidane ? Le 2 août 2004, *L'Équipe* publie un sondage Ifop dont il résulte que 66 % des Français souhaitent qu'il continue. Mais rien n'y fera. Le 12 août, la nouvelle tant redoutée tombe. Sur son site officiel, Zidane annonce la fin de sa carrière en équipe de France. Une décision qu'il prend le temps d'expliquer sur Canal +, le jour même, face à Michel Denisot : « Avant l'Euro, j'avais déjà mûrement réfléchi. Si on avait gagné, j'aurais peut-être arrêté aussi. Mais j'y avais vraiment pensé avant. Après, il y a eu 2002 et peut-être que 2004 est la goutte qui a fait déborder tout ça. » Comme ces paroles prononcées par Thierry Henry pendant l'Euro : « Nous jouons mieux à Arsenal parce que nous n'avons pas de meneur de jeu. » (*VSD*, 23 septembre 2004), même si on peut imaginer que l'attaquant français visait la tactique de Santini et non directement la personne de Zidane. Ou encore ces mots de Frédéric Thiriez, président de la Ligue de football professionnel, au lendemain de ce nouvel échec des Bleus : « L'avenir de l'équipe de France ne se joue pas à Londres ou à Madrid. Il faut avoir le courage de reconstruire. »

« CELA NE SERT PLUS À RIEN DE CRIER « ZIZOU, ZIZOU ! »

(Zinédine Zidane - *L'Équipe*, 9 septembre 2005)

UEFA
FAIR PLAY
adidas
CROATIE
FRANCE
10

Après plus de trois semaines sans nouvelles de Raymond Domenech, Zizou décide que cette reconstruction se fera sans lui, d'autant que les premières décisions du nouveau sélectionneur ne l'encouragent guère à poursuivre l'aventure. Un numéro de « Secrets d'actualité » (M6), consacré au départ de Zidane, en fait la démonstration (témoignage du journaliste Pierre Ménès) : « Henri Émile, intendant des Bleus depuis vingt ans, viré ! Philippe Boixel, ostéopathe de Zidane depuis une dizaine d'années, viré ! François Vidal, responsable de la sécurité, très proche de lui, viré ! Le cuistot italien qu'il avait fait venir de Turin, viré ! Je veux bien qu'on veuille casser le confort des joueurs, mais quand on a Zidane dans son équipe, on fait en sorte de lui garder son cocon. Si on ne veut pas de lui, évidemment, on lui enlève tout le monde. Zizou, qui est fidèle en amitié, se dit : "Il faut que je m'en aille aussi." » Cependant, une phrase du jeune retraité (32 ans) autorise encore à garder espoir : « L'équipe de France est la plus belle chose qui me soit arrivée. » Personne n'en doute à l'époque. Encore moins un an plus tard, lorsqu'il revient sur sa décision. La légende continue...

« **J'AI UN SENTIMENT** : QUE QUELQUE CHOSE S'EST CASSÉ, QUE QUELQUE CHOSE S'EST PASSÉ. **UNE GÉNÉRATION S'EN VA... POUR MOI AUSSI, LE CHEMIN ÉTAIT TRACÉ.** »

(Zinédine Zidane confirme à Michel Denisot qu'il arrête sa carrière avec les Bleus lors d'un entretien exclusif - Canal +, 12 août 2004).

DIEU EST DE RETOUR
NAISSANCE D'UN PRODIGE
TU SERAS UN PRO MON FILS
LE TEMPS DES COPAINS
MAESTRO
LES MAUX BLEUS
10 DE CŒUR
GALACTIQUE
SUPERSTAR
RESPECT
10 DE CŒUR

Interviewé dans le *Télé 7 Jours* du 17 au 23 décembre 2005, Pascal Gentil, double médaillé de bronze olympique en taekwondo, se présentait comme un « diffuseur de bonheur ». Zinédine Zidane, lui, est un diffuseur de générosité. Dans son jeu d'abord, jamais avare d'un beau geste. Un contrôle, une déviation, un tir, tout chez lui se transforme en œuvre d'art footballistique. Des moments de grâce jamais gratuits, trop respectueux qu'il est de son sport pour se l'autoriser. Mais cette générosité dépasse largement le cadre du rectangle vert. Celle-ci se lit au quotidien sur son visage. Des yeux emplis d'amour, un sourire désarmant de bonté qui vous réconcilie avec le genre humain, Zizou est avant tout un « champion de vie », comme l'a désigné sœur Emmanuelle. Cette appellation est en effet le titre d'une collection d'albums de BD, créée en 2005 par la religieuse : « J'ai voulu présenter aux jeunes et aux moins jeunes des êtres propres à leur prouver que "l'homme passe l'homme" – dixit Pascal – et qu'il vaut la peine de s'acharner pour faire triompher des valeurs… Zinédine Zidane s'imposait à l'évidence comme

« VIVRE DEBOUT, SANS HONTE ET SANS ORGUEIL »

(Zinédine Zidane - *Le Journal du dimanche*, 7 janvier 2001).

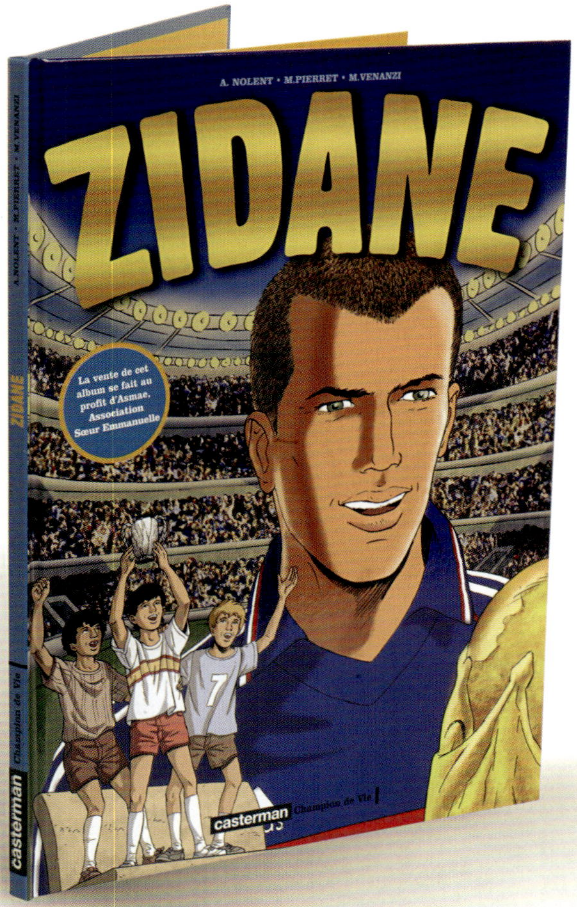

un choix naturel pour le premier album… Son immense talent, son itinéraire, son palmarès, ses qualités humaines, en font un personnage unique, au destin hors du commun, universellement aimé, admiré et respecté » (*Zidane*, éditions Casterman).

Son aura, Zinédine l'utilise notamment depuis 2000 pour médiatiser ELA, l'association européenne contre les leucodystrophies, maladies génétiques touchant le système nerveux des nouveaux-nés. Près de 160 enfants par an sont touchés par ces maladies orphelines, autrement dit incurables. « Dès le début de ma carrière, j'ai été contacté par différentes associations. Puis les sollicitations n'ont fait que s'accroître. J'avais envie de m'investir, mais, comme je ne pouvais pas toutes les accepter, j'ai choisi ELA, via le papa de Platini (Aldo, ami du président d'ELA, Guy Alba). Au moins, là, je pourrai bien m'en occuper. En tant que papa, cette cause m'a touché. Voir des enfants souffrir, c'est terrible. Bien sûr, je ne peux pas tout changer, mais, au moins, grâce à ma notoriété, je fais connaître l'association. » (*France-Football*, 5 novembre 2002).

« Ce petit (Yan, atteint d'une leucodystrophie), et il n'est pas le seul, a l'âge de mon fils. Il ne parle pas, il ne marche pas comme il le veut. Tu ne peux qu'être touché face à cette détresse » (France-Football, *19 décembre 2000*).

La regrettée Colette Besson (championne olympique du 400 m en 1968), l'actrice Emmanuelle Seignier ou encore Miss France 1998, Sophie Thalmann, n'ont pas hésité à soutenir ELA avec Zinédine.

« SUCCÉDER À L'ABBÉ PIERRE (EN TANT QUE PERSONNALITÉ PRÉFÉRÉE DES FRANÇAIS), **UN HOMME QUI A FAIT TELLEMENT DE BIEN, ÇA M'A TOUCHÉ, ÇA M'A BOULEVERSÉ,** JE NE SAIS PAS SI JE LE MÉRITE »

(Zinédine Zidane - *L'Équipe*, 15 août 2000).

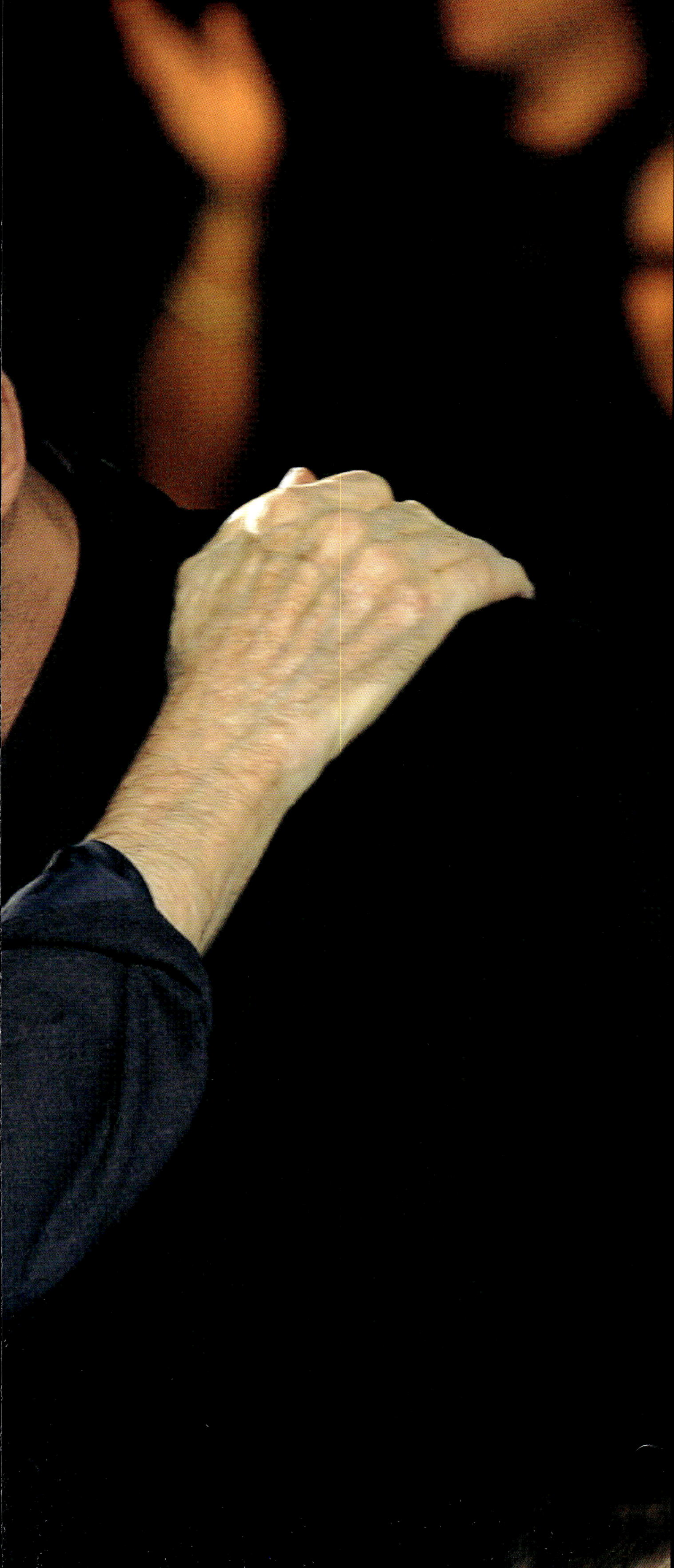

En 2002, Zizou accepte l'invitation de Michel Drucker pour un rendez-vous spécial en Prime Time. Un moment marquant pour l'animateur numéro un des variétés en France : « Le but de l'émission était de récolter un million d'euros pour construire le premier centre européen de la leucodystrophie, à Nancy. Guy Alba et tous les différents parrains présents sur le plateau eurent le bonheur d'apprendre, en cours d'émission, que plus de la moitié de la somme avait déjà été récoltée avant même le début de la diffusion » (*Télé 7 Jours*, 18 au 24 mai 2002). L'année suivante, Zinédine renouvelait l'expérience, toujours avec France 2. Aujourd'hui, l'opération « Mets tes baskets et bats la maladie » est reconnue et soutenue par les ministères de l'Éducation nationale et des Sports. Depuis l'implication du champion dans ces actions, le nombre de participants a considérablement augmenté et les dons recueillis par ELA ont plus que doublé.

Johnny et Laeticia Hallyday ont l'habitude de s'investir dans les actions de l'Unicef. Eux aussi ont répondu à l'appel de Zinédine pour soutenir le combat d'ELA contre les leucodystrophies. Tout comme Michel Platini, autre « 10 de cœur »...

Sur le plan international, l'ONU a confié à Zidane, depuis 2001, un rôle qu'il prend aussi très à cœur : celui d'ambassadeur itinérant pour la lutte contre la pauvreté, dans le cadre du Programme des Nations unies pour le développement (PNUD). « Je m'engage à faire tout ce que je pourrai, en accord avec le PNUD et mon entourage, pour que diminue ce fléau mondial… Un sujet de réflexion qui me touche particulièrement, ne serait-ce que parce que je n'ai pas toujours vécu avec les moyens dont je dispose aujourd'hui… Je suis d'autant plus fier d'avoir ce que j'ai aujourd'hui que je sais ce qu'est la difficulté. Ça ne m'empêche pas de faire ce que je peux pour lutter contre la pauvreté. Et je sais qu'il y en a beaucoup d'autres qui font comme moi. » Collectif, Zizou, comme toujours, déjà associé à Ronaldo, l'été précédent au Stade de France, lors d'une vaste opération organisée par le Secours populaire, en faveur des enfants démunis.

Lui et le Brésilien ont noué une sincère amitié depuis le printemps 2000, même s'ils se vouaient déjà un respect mutuel, à distance. Deux ans après la fameuse finale de Coupe du monde, la carrière du buteur de la *Seleçaô* et de l'Inter Milan est menacée. Son genou est en piteux état. Pour la seconde fois, il doit se faire opérer de son tendon rotulien. Malgré le talent reconnu du professeur Gérard Saillant, rien ne dit que le prodige *auriverde* retrouvera 100 % de ses capacités physiques. Celui-ci ronge son frein à l'hôpital de la Pitié-Salpêtrière, à Paris, quand quelqu'un frappe à la porte de sa chambre. Quel n'est pas son étonnement lorsqu'il aperçoit le visage du numéro 10 français. Zidane, lui, aura ces mots d'encouragement : « Quand il sera remis, "Ronnie" redeviendra le meilleur joueur du monde. » Un geste qui, deux ans plus tard, fait dire à Ronaldo : « Je n'oublie pas que, lorsque j'étais au plus bas, durant ma convalescence à Paris, il a été le seul à prendre l'avion pour venir me rendre visite et me soutenir. C'est la marque d'un grand homme, un très grand homme. »

ZIDANE, RONALDO : UNE ÉQUIPE CONTRE LA PAUVRETÉ.

Les deux amis sont ambassadeurs itinérants des Nations unies.

Quelqu'un de bien, en somme, qui n'oublie jamais d'où il vient et les gens qui ont compté dans sa vie, privée ou professionnelle. En pleine célébration du titre européen de l'an 2000, avec les Bleus, Zinédine reçoit un coup de fil de son frère l'informant du très mauvais état de santé de Robert Centenero. Ce monsieur, entraîneur au SO Septèmes, avait pris l'enfant prodige et ses amis en affection. Régulièrement, il leur offrait pizzas et boissons gazeuzes. Un « luxe » auquel les gamins n'étaient pas forcément habitués. « Il faisait des choses que des parents ne pourraient pas faire » (*Zinédine Zidane, comme dans un rêve*, DVD), se souvient Zizou, avec émotion, devant la caméra de Stéphane Meunier, le réalisateur qui avait immortalisé l'épopée de 98 avec son remarquable *Les Yeux dans les Bleus*. Au seuil de la mort, le brave homme a dit à son épouse qu'il aimerait voir Yazid une dernière fois. Son vœu sera exaucé. Un acte profondément humain, décrit avec tact par le journaliste Jean Philippe : « Robert Centenero n'est pas informé de la visite. La porte de son appartement s'ouvre sur un étonnement. Une stupéfaction. Les scènes suivantes, les gestes et les mots, appartiennent à une stricte intimité. Celle d'hommes simples enfin réunis, à l'abri du voyeurisme, longtemps après que leurs premiers regards se furent croisés. Ils ne se reverront plus. Le temps de Yazid est précieux. Son corps aspire au repos mais son cœur ne bat qu'au rythme des sentiments. Que représente un peu de temps donné quand une vie s'en va ? On espérait sa présence. Il vint. » (*Zidane, le roi modeste*, éditions l'Archipel).

Il vient aussi, le 30 décembre 2001, honorer de sa présence le centenaire de l'AS Cannes. L'occasion pour lui de rendre hommage à Jean Varraud, qui avait cru au potentiel de ce gamin de 13 ans et demi. Quels que soient les pays où il a évolué, Zinédine n'a jamais cessé de donner de ses nouvelles à son bienfaiteur. Le champion répond encore présent quand il s'agit de soutenir la Nouvelle Vague, un petit club de la Castellane, là où son aventure a débuté. « C'est mon club, une association de quartier où je suis président d'honneur, où j'ai encore des frères, des potes, des amis qui y jouent. Je veux faire des choses pour eux, les suivre, les aider, financièrement et matériellement, leur permettre de donner de la vie à l'équipe et au quartier. J'ai envie que ce club, qui a remplacé celui où j'ai commencé à jouer et qui a disparu (l'AS Foresta), continue longtemps d'exister » (*Onze-Mondial*, décembre 1998).

Zinédine n'oublie pas d'où il vient… Lors du centenaire de l'AS Cannes, il a remis le maillot du club qui l'a révélé. Pour le plus grand plaisir de l'homme qui l'y avait fait venir : Jean Varraud.

« C'EST UN PÈRE

« C'EST UN PÈRE EXEMPLAIRE ! »

(Véronique Zidane - DVD : *Zinédine Zidane, comme dans un rêve*, Studio Canal).

« C'est très important pour lui d'endormir les enfants... Il raconte des histoires. Son enfance, aussi. Pour leur apprendre que la vie n'est pas facile, qu'il faut travailler, persévérer et surtout être patient pour réussir. » (Véronique Zidane - Zinédine Zidane, comme dans un rêve).

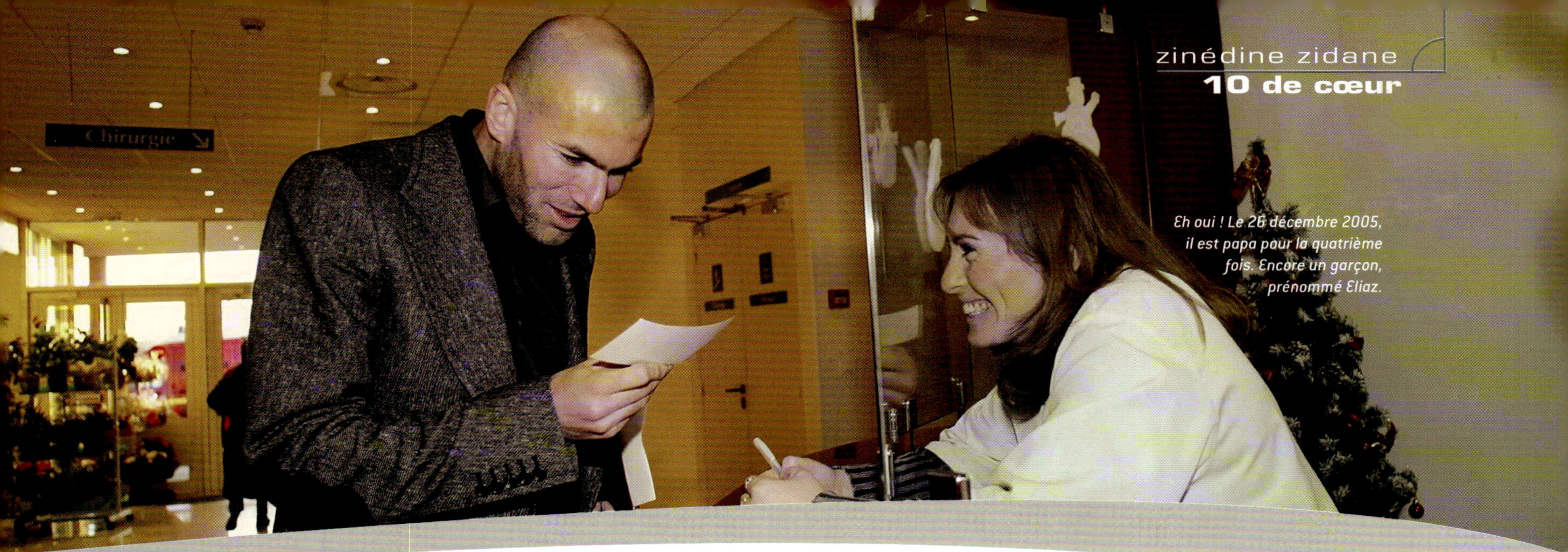

Eh oui ! Le 26 décembre 2005, il est papa pour la quatrième fois. Encore un garçon, prénommé Eliaz.

EXEMPLAIRE ! »

« Il fait tout comme une maman avec ses enfants. Leur faire prendre le bain, c'est un rituel. Il adore leur sécher les cheveux. Il n'a pas de fille, il regrette un petit peu, sinon il passerait des heures à lui faire des brushings... » (Véronique Zidane - Zinédine Zidane, comme dans un rêve).

JUVENTUS F.C.

Malgré l'argent qu'il génère, celui-ci n'a jamais été le moteur de Zinédine. Juste un moyen d'améliorer la vie des gens qu'il aime. On l'a vu par ailleurs (dans le chapitre « Tu seras un pro, mon fils »), sa première prime est allée directement à ses parents. Plus tard, il leur a permis de quitter le HLM de la Castellane pour rejoindre la banlieue plus accueillante des Pennes-Mirabeau. « Depuis tout petit, j'en rêvais », confie-t-il un jour à Mireille Dumas, accoucheuse habile des secrets de famille de nos stars. Mais avec Zizou, elle n'obtiendra que cette confession : « Je voulais offrir à mon père une maison avec son jardin à lui, sortir ma famille des appartements et du béton... » Une famille à qui il rend hommage lorsqu'il se mobilise pour les sinistrés du tremblement de terre algérien, en 2003. « Il faut aider ces gens. Être un être humain, c'est être solidaire. Je suis né en France mais mes racines sont là-bas. Et c'est le pays d'origine de mes parents. » Avec ses anciens partenaires et amis de France 98, il décide aussitôt de mettre sur pied un match de solidarité, dans l'esprit de ce qui avait été organisé, à l'initiative de Laurent Blanc, en novembre 2002, au profit des sinistrés des inondations du Sud-Est français. Le match a lieu le 6 octobre 2003, au Stade-Vélodrome. Il oppose les champions du monde de 1998 à l'OM. Une façon aussi pour Zinédine d'effacer en partie la blessure d'un match France-Algérie, jamais achevé, en octobre 2001. « Je suis encore déçu pour les gens qui rêvaient de ce match-là, pour ceux qui sont venus du bled, qui sont venus du pays... Le reste, il y a eu ce match arrêté parce que certaines personnes étaient entrées sur la pelouse. Mais ce n'était que des jeunes de banlieue qui voulaient se montrer. C'était pas bien grave » (*L'Équipe*, 6 octobre 2003). Ce soir-là, la Marseillaise avait été sifflée au Stade de France. Un acte qui a peiné cet amoureux du maillot bleu. Une cicatrice qu'il préfère taire, néanmoins. Pour Zidane, les affaires de cœur riment forcément avec pudeur...

DANS UN SONDAGE IPSOS POUR ENFANTS MAGAZINE, DATÉ DE JUIN 2004, **ZIZOU APPARAISSAIT DANS LE TOP 5 DES PAPAS POULES**, AVEC NOTAMMENT YANNICK NOAH. DEUX CHAMPIONS AU CŒUR GROS COMME ÇA.

ZIDANE
5

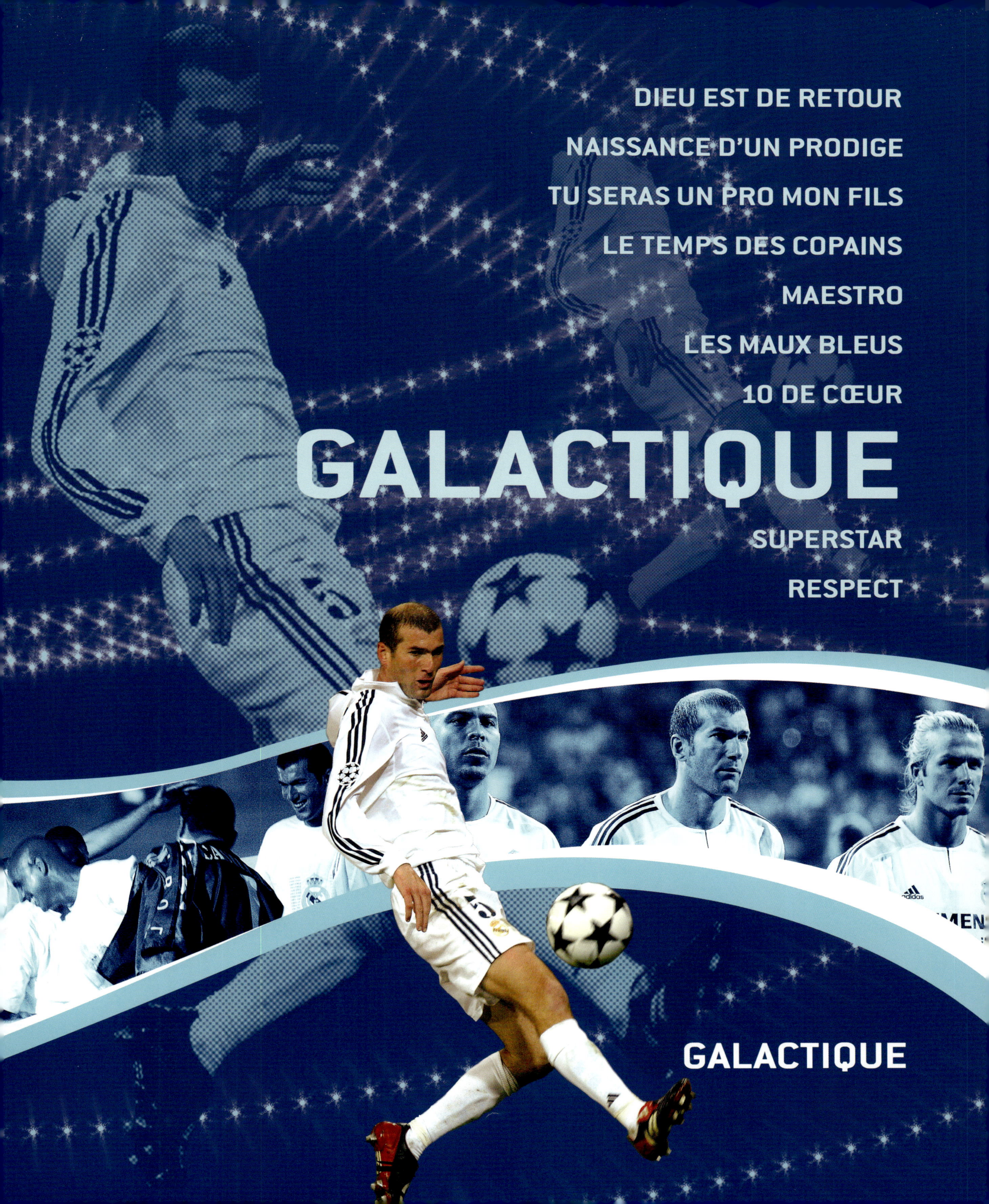

DIEU EST DE RETOUR
NAISSANCE D'UN PRODIGE
TU SERAS UN PRO MON FILS
LE TEMPS DES COPAINS
MAESTRO
LES MAUX BLEUS
10 DE CŒUR

GALACTIQUE

SUPERSTAR
RESPECT

GALACTIQUE

« IL Y A DES FOOTBALLEURS QUI SONT NÉS POUR JOUER AU REAL MADRID ET ZINÉDINE ZIDANE EN FAIT PARTIE »

(Florentino Pérez - Présentation de Zidane à la presse, 9 juillet 2001).

Dès le jour de sa signature à Madrid, le club écoule 300 maillots floqués à son nom, 2000 en une semaine...

Après la Coupe du monde 1998, une idée fait son chemin dans l'esprit de Zidane : « L'Espagne m'attire vraiment, je jouerai un jour dans un club espagnol. En plus, ça ferait plaisir à Véro. Ma belle-famille est espagnole » (*Oh La !* 22 octobre 1998). Ce qui pouvait apparaître comme un vœu pieu se transforme peu à peu en rumeur persistante. Le bruit court même selon lequel l'épouse de Zidane ne s'est jamais vraiment adaptée à Turin, ville qui n'a évidemment pas le charme d'autres cités italiennes comme Rome ou Florence. Tout cela irrite fortement le grand patron de la Juventus, Giovanni Agnelli, qui demande des éclaircissements à l'intéressé, en avril 1999. « Qui porte la culotte chez toi ? » l'interroge-t-il sans détours. Et le champion du monde lui répond, avec sa sincérité naturelle : « Depuis que ma femme m'a donné deux fils, c'est elle qui commande à la maison. D'ailleurs ma famille et le choix de mon mode de vie comptent plus que ma carrière. » Ces déclarations révélées dans la presse italienne incitent évidemment le Real Madrid à faire le forcing pour s'arracher les services du génie français. Haro sur Zizou !
Mais en 2000, Zinédine prolonge jusqu'en 2005 son contrat avec la Vieille Dame, surnom donné au club piémontais. La saison terminée, il part se reposer en famille à Tahiti. Tout semble alors très clair dans sa tête : il s'attend à retrouver bientôt une préparation physique des plus musclées avec la Juventus. Et puis, au début du mois de juillet, l'annonce claque comme un coup de tonnerre : Zidane signe à Madrid ! Un transfert organisé de manière presque incroyable. « Je suis en vacances à Papeete. Un jour, j'ai téléphoné chez moi, comme je le fais régulièrement, et on m'a dit d'appeler Alain (Migliacio, son agent), qui n'arrivait pas à me joindre... Deux minutes plus tard, il m'apprenait que ça allait se faire avec le Real parce que la Juve avait réfléchi, qu'elle souhaitait changer de politique sportive, et que le prix de mon départ lui permettrait d'acheter deux ou trois joueurs... La Juve aime bien raisonner en termes de cycles : elle a conservé Platini cinq ans, Deschamps cinq ans, et moi, cela faisait déjà cinq saisons que je portais ses couleurs » (*France-Football*, 21 août 2001).
Le président du Real Madrid, Florentino Perez, peut être fier de son coup, lui qui, quelques mois plus tôt, avait croisé le maestro lors d'un dîner de gala organisé par la FIFA. Sans se démonter, il lui fit passer une serviette en papier sur laquelle était couchée la question suivante : « Voulez-vous jouer au Real ? » Dans l'euphorie ambiante, Zidane lui renvoya le précieux document avec une réponse positive. Zizou atterrit à Madrid le dimanche 8 juillet 2001, dans la soirée, pour régler définitivement le dossier le lendemain. Montant de ce transfert record ? 75 millions d'euros (près de 500 millions de francs), soit le prix d'un Airbus A 321. En guise d'adieu, Agnelli lâche cette phrase assassine. « Zidane a toujours été un joueur plus divertissant qu'utile. » Qui aime bien châtie bien. De son côté, fidèle à ses principes, le Français ne cherche pas à polémiquer, rendant au contraire des hommages appuyés à l'*Avvocato* et une Juventus où il a considérablement élargi son registre de jeu. Mais il est temps pour lui d'entrer dans une autre galaxie.

Un seul joueur madrilène (Raul) avait eu l'honneur d'entrer au musée Grévin espagnol, avant lui.

« Aucun joueur ne vaut cet argent… J'ai quatre ans pour rendre tout cet argent sur le terrain »
(Zinédine Zidane, à son arrivée à Madrid, en 2001).

Il lui faut d'abord s'adapter à un nouveau rythme de vie et bousculer ses habitudes de père tranquille. En Espagne, la vie commence tard après le coucher du soleil. Heureusement, sa belle-famille vient le soutenir. Surtout, sa femme lui prodigue les rudiments d'espagnol nécessaires pour se faire mieux accepter de ses nouveaux partenaires. Le vestiaire du Real passe en effet pour être l'un des plus cruels de la planète foot. Pas question d'arriver ici en terrain conquis. Mais l'arrogance n'est pas la marque de fabrique de Zizou. Malgré son étiquette de star, qu'il a toujours beaucoup de mal à assumer, il se fait plus humble que jamais. « J'ai salué tout le monde, on m'a dit bonjour. Mais, avec moi, c'est toujours pareil, j'appréhende les contacts avec un groupe que je ne connais pas, quand on me présente une collectivité dont j'ignore tout. Je suis timide par nature. Spontanément, je ne parle pas beaucoup. Alors, je ne suis pas arrivé en filant une tape dans le dos à tout le monde… Bref, je suis arrivé sur la pointe des pieds et je me suis assis » (*France-Football*, 21 août 2001). S'il parvient à faire ami-ami avec Fernando Hierro, capitaine de l'équipe, et Raul, redoutable chasseur de buts et enfant chéri des socios, le pari sera gagné. Par ailleurs, il se sait d'autant plus attendu qu'il porte désormais le numéro 5, celui qu'arborait avant lui l'une des icônes du Real, Manuel Sanchis, resté dix-huit ans à la « Maison blanche ».

Beckham, Raul et Zidane : chacun d'entre eux gagne 530 000 euros par mois, soit 6,4 millions par an. Des revenus annuels qui s'élèvent respectivement à 25 millions, 9,3 et 13 millions en comptant les contrats publicitaires. Ceux de Ronaldo, absent sur la photo, sont de 19,6 millions (sources France-Football, 3 mai 2005).

OLÉ !
OLÉ !
OLÉ !

Heureusement, son compagnon en équipe de France, Claude Makelele, lui sert de relais. Si bien qu'il se fait rapidement accepter par tous, y compris par le Portugais Luis Figo, arrivé un an plus tôt, pour mener le jeu de l'équipe. Seul motif d'inquiétude pour « Sissou », l'effervescence qui règne autour de lui. « Si je suis venu au Real, ce n'est pas pour alimenter la chronique des journaux, mais pour jouer au foot, pour qu'on me laisse tranquille » (*France-Football*, 21 août 2001). Dès son arrivée dans la capitale espagnole, un journaliste du grand quotidien sportif *Marca* a été désigné afin de suivre tous ses faits et gestes. Javier Garcia Coll, coordinateur sportif du club, prend heureusement les choses en main. Il apprend au champion du monde et d'Europe à relativiser et le guide dans son nouvel environnement. « C'est toujours ce qu'il y a de plus surprenant quand on arrive au Real Madrid que cette pression de chaque instant. Il a fallu rassurer Zizou. Ses partenaires lui ont d'ailleurs expliqué à l'époque que cet accueil était normal et qu'après un peu de temps ça finirait bien par se calmer » (*L'Équipe magazine*, 11 mai 2002). Passés ces quelques moments délicats, le terrain reprend ses droits. Enfin ! C'est là que Zinédine s'exprime le mieux. Et le public du stade Santiago Bernabeu ne va pas trop tarder à le constater. Olé !

AVANT 2001, IL N'AVAIT JAMAIS JOUÉ À SANTIAGO BERNABEU, CATHÉDRALE DU REAL MADRID.

MANCHESTER UNITED-REAL MADRID, UN CHOC DE TITANS !

Zidane et les siens sortiront vainqueur de ce quart de finale de la Ligue des champions 2003, mais s'inclineront au tour suivant contre la Juventus de Turin.

adidas

LE 9e LIGU

En quelques mois, il est comme « un animal qui a trouvé son territoire », selon les termes de son entraîneur, Vicente Del Bosque. Le Français fait définitivement partie de la famille lorsqu'il marque un but d'extraterrestre contre la Corogne, en janvier. Ce soir-là, l'ancienne star de la NBA, l'Américain Magic Johnson assiste au match. Sa réaction résume à elle seule la qualité de la prestation du Marseillais : « Je n'avais jamais vu une telle coordination entre les yeux et les pieds. Zidane, c'est Magic Johnson et Michael Jordan réunis ! » Le gardien du Deportivo, lui, aura aussi cette phrase savoureuse : « Il faudra que je revois le but à la télé pour voir le ballon. » Avant même cet exploit, Zidane est désigné « joueur du mois », en septembre et décembre 2001, par les téléspectateurs de Real Madrid TV. Mieux encore, un numéro spécial de *Marca* l'installe à la quatrième place des « meilleurs joueurs du siècle du Real », juste derrière le mythique Alfredo Di Stefano, Raul et Fernando Hierro. Un titre honorifique qu'il aura l'occasion de confirmer devant le monde entier, quelques mois plus tard…

Le 12 mai 2002, le Real Madrid affronte le Bayer Leverkusen. Le club espagnol espère remporter sa neuvième Ligue des champions, la plus prestigieuse des coupes d'Europe. Pour un Français, jouer une finale dans l'Hampden Park de Glasgow revêt un caractère symbolique. Surtout contre un club allemand. Vingt-six ans plus tôt, Yaz n'avait pas quatre ans. Toute la France du football était derrière les Verts de Saint-Etienne, désireux de rapporter pour la première fois dans l'Hexagone la Coupe d'Europe des clubs champions (ancêtre de la Ligue des champions). Héroïques, Jean-Michel Larqué (devenu depuis le célèbre commentateur que l'on connaît) et les siens allaient toutefois s'empaler sur la défense ou, pire, les maudits poteaux de Sepp Maier, l'incontournable gardien de but du Bayern Munich. Dix-sept ans plus tard, l'OM cher au cœur de Zizou offrait enfin à la France le précieux trophée. Zidane, lui, en rêve depuis toujours. Mais par deux fois déjà, ses illusions se sont envolées en finale, avec la Juventus : en 1997 contre le Borussia Dortmund, en 1998 contre… le Real Madrid. Sans revenir sur l'échec de 1996 en finale de la Coupe UEFA, avec Bordeaux, face… au Bayern Munich. S'il a rejoint Madrid, c'est pour soulever la Coupe « aux grandes oreilles », ainsi que la surnomme Bernard Tapie, l'ex-patron de l'OM.

REAL MADRID
E DES CHAMPIONS

« JE SUIS PEUT-ÊTRE UN GAUCHER CONTRARIÉ. MAIS ALORS, TRÈS TRÈS PEU CONTRARIÉ. »

(Zinédine Zidane - *L'Équipe*, 12 août 2005)

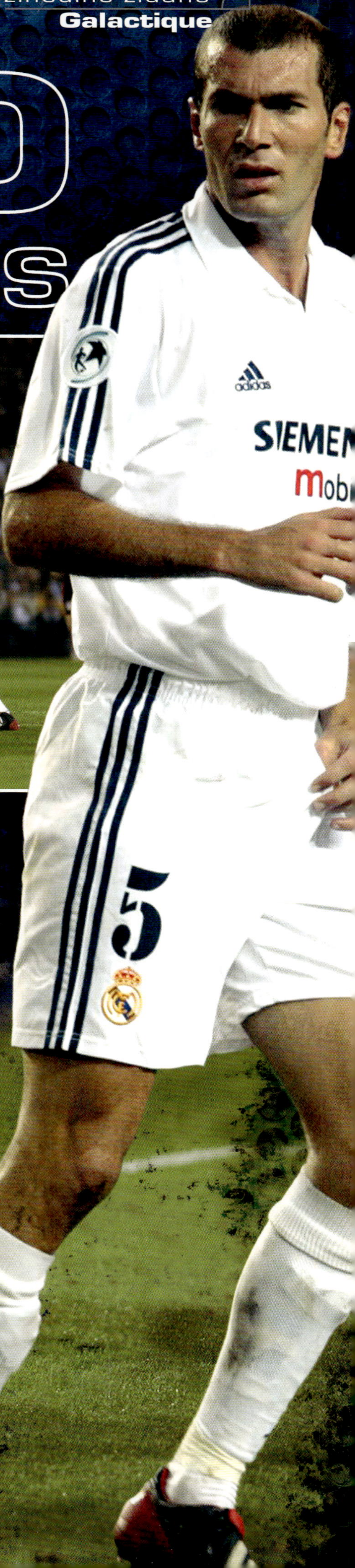

M.SALGADO
2
VAINQUEURS
1994/95: AFC AJAX

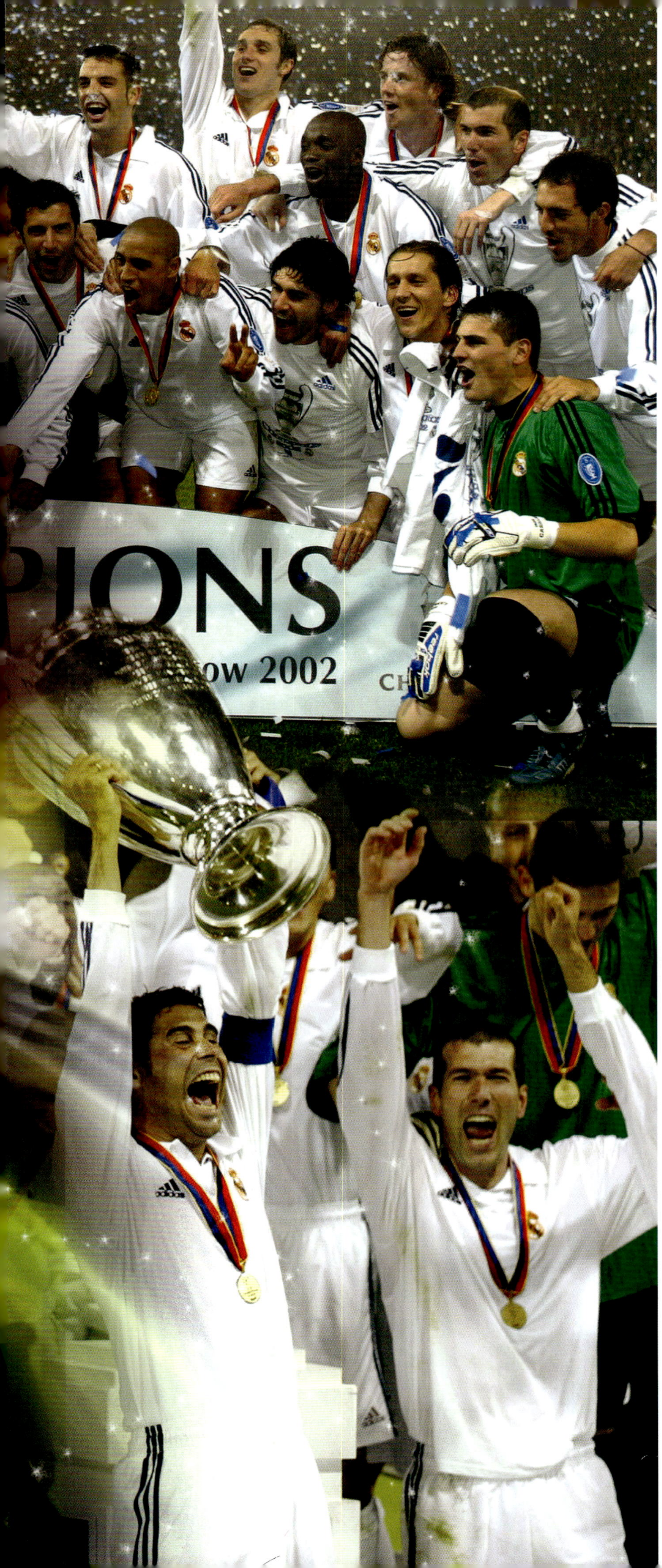

Peu avant la pause, l'affaire s'annonce moyennement bien. Le score est de 1-1 et les Allemands monopolisent le ballon. Jusqu'à cette météorite qui transperce les filets du gardien germanique. Ralenti : centre en cloche de Roberto Carlos, excentré sur le côté gauche. À l'entrée de la surface de réparation, Zinédine Zidane ne quitte pas le ballon des yeux. Il arme son pied gauche – son « moins bon » – avant d'exécuter une reprise de volée à couper le souffle des 50 000 spectateurs présents dans le stade. Ce soir-là, Yaz de la Castellane ajoute le seul grand titre manquant à son palmarès. Footballeur comblé, il est aussi papa pour la troisième fois, Véronique donnant naissance à un petit Théo, juste avant le Mondial 2002. Cet été-là, Zinédine se consolera d'une Coupe du monde ratée quand, au mois d'août, Florentino Perez annoncera l'arrivée d'une autre icône du football international, Ronaldo, sacré champion du monde un mois plus tôt.

Pour Zidane, le Brésilien est « le meilleur, c'est tout ! C'est le joueur qui me plaît le plus au monde ». De son côté, Ronnie pense que le Français est « le plus grand joueur du monde ». Tout va donc pour le mieux au pays des Galactiques, qui justifieront plus encore leur surnom un an plus tard – du moins sur le papier – quand David Beckham complètera ce royal effectif. Et même si le Real ne gagne pas à tous les coups, Zinédine s'y sent comme chez lui puisqu'il a choisi d'y terminer sa carrière, en attendant d'y jouer peut-être un rôle d'ambassadeur. En 2004, le quotidien *As* titrait : « Zidane, Madrilène à vie ».

En 2002, Zidane apporte un nouveau titre européen au Real, qui fête son centenaire au même moment.

L'ORÉAL
PROFESSIONNEL

VIGILANTE DE SEGURIDAD

DIEU EST DE RETOUR

NAISSANCE D'UN PRODIGE

TU SERAS UN PRO MON FILS

LE TEMPS DES COPAINS

MAESTRO

LES MAUX BLEUS

10 DE CŒUR

GALACTIQUE

SUPERSTAR

RESPECT

SUPERSTAR

Lundi 28 novembre 2005, espace Cardin, à Paris. Ils sont venus, ils sont tous là, ou presque, les Ballons d'or-France Football désignés par la presse européenne depuis un demi-siècle. Bien sûr, Ronaldinho, incarnation du foot samba, est le roi de la soirée. Mais sur la scène, à ses côtés, on retrouve l'une des plus belles équipes de tous les temps : Di Stefano, Kopa, Cruyff, Beckenbauer, Rossi, Platini, Matthaüs, Papin... Tous sont évidemment chaleureusement salués par le public. Mais c'est sans conteste le nom de Zidane qui remporte le plus de suffrages. Un signe : Amel Bent, la chanteuse de R'n'B à la française, révélée sur M6 par l'émission « La Nouvelle Star », est venue voir, en toute discrétion, le héros de 1998. Enfants de l'immigration, tous les deux, ils ont aussi grandi dans la banlieue – parisienne pour elle, marseillaise pour Zinédine. Cette artiste, comme beaucoup d'autres jeunes, voit probablement en Yazid un modèle à suivre. Faut-il pour autant parler d'une génération Zidane ?

Il a beau faire partie du cercle fermé des Ballons d'or et être l'un des trois plus grands meneurs de jeu du foot français (avec Kopa et Platini), Zizou est resté le même avec son épouse et sa famille.

Plutôt *des* générations Zidane : jeunes, vieux, ouvriers, cadres, Français de souche, fils d'immigrés, journalistes, hommes politiques, religieux ou laïcs, croyants ou athées, tous sont sous le charme de cet homme dont le seul nom suffit à transcender les différences. Il n'est certes pas un tribun hors pair... Mais à quoi bon ? Avec lui, un regard, un sourire, un froncement de sourcils en disent largement plus que tous les discours du monde. Et que dire de son style de jeu, aussi flamboyant qu'unique.

Paradoxalement, ses deux buts marqués en finale de Coupe du monde le sont de la tête, considérée comme l'un de ses points faibles (voir Maestro). À partir de là, sa vie bascule. « Zidane président ! » peut-on lire sur l'Arc de triomphe, lors de cette soirée mémorable du 12 juillet 1998. Un slogan entendu le surlendemain, lors de la traditionnelle garden-party organisée à... l'Élysée. Zizou superstar !

adidas
adidas
adidas

Septembre 1998, les champions du monde reçoivent la distinction suprême des mains du président Jacques Chirac.
« La Légion d'honneur... Une petite gêne parce que cette décoration a été créée pour des faits de guerre, pour des hommes et des femmes qui ont marqué la France... Une très grande fierté aussi parce ce que c'est un honneur, comme son nom l'indique ! »
(L'Équipe, 30 décembre 1998).

Très vite, les Bleus deviennent des icônes de la pub, à commencer par leur numéro 10, dont les choix ont parfois pu surprendre. Comme cette collaboration avec Leader Price, début 1999. « J'adore vous faire gagner », lit-on sur les affiches vantant les mérites de cette enseigne bon marché. Une association pourtant logique à qui connaît l'histoire du champion du monde. Enfant, il avait l'habitude d'y faire les courses en famille, ou avec ses copains pour s'approvisionner en gâteaux, confiseries ou boissons à la portée de son maigre argent de poche. Depuis, l'image de cette chaîne s'est nettement améliorée. Un coup de maître signé Mustafa Mazouz, ami de

« SI JE NE PRENAIS EN COMPTE QUE L'ARGENT, JE ME VERRAIS PARTOUT ! **J'AI CHOISI DE FAIRE DES CHOSES QUI, SELON MOI, SONT PROPRES** »

(Zinédine Zidane - *L'Équipe*, 15 août 2000).

Zizou : « Quand je pense que les grands de ce domaine, Carrefour, Auchan, dont les hypermarchés sont dans les banlieues, n'ont pas eu l'idée de faire appel à Zidane... Zizou, c'est la gentillesse, l'humilité, le peuple, c'est les banlieues où sa popularité est extraordinaire. Tu voulais peut-être que j'aille le proposer à Fauchon ? » (*France-Football*, 23 mars 1999). Mais le maestro a sa fierté et refuse que l'on imprime des sacs plastique à son effigie. « Je ne voulais pas que l'on me marche dessus. »
Le meneur de jeu tricolore a bien d'autres cordes à son arc : Adidas, Dior, Danone (Volvic), Vivendi Universal (CanalSat), Ford, Orange, les vêtements Z... Et encore refuse-t-il 80 % des propositions qui lui sont faites chaque année. Pour la marque aux trois bandes, Robert Louis-Dreyfus a eu le nez creux – plus qu'avec son cher, au propre comme au figuré, OM. Peu avant l'Euro 96, Nike commençait à se manifester auprès du joueur. Chez Adidas, on hésitait entre miser sur lui et Youri Djorkaeff. Finalement, le patron de l'équipementier porte son choix sur l'option numéro une, voyant qu'Aimé Jacquet, sélectionneur national à l'époque, accordait sa confiance à l'ex-gamin de la Castellane. En 1998, après le succès en Coupe du monde, on se félicitera de cette initiative au sein du groupe, notamment au mois de décembre, période propice aux achats de fêtes : « Ces dernières années, les gosses rêvaient d'être habillés en Batman ou en Superman, cette fois ils demandent au Père Noël une panoplie de Zidane ! » (*France-Football*, 22 décembre 1998).

« Une eau virile, discrète et fraîche » (*L'éternel slogan pour l'Eau Sauvage, de Christian Dior, colle parfaitement à la peau du champion, qui lui prête son image en 1999*).

MADE IN
MARSEILLE

Symbole de cette Zizoumania : l'effigie géante posée sur un mur d'immeuble de Marseille, situé sur la corniche. Un premier portrait, en noir et blanc, érigé peu avant le Mondial 98, a été souillé par des voyous en novembre 2000. Adidas qui, devant la pression populaire, avait déjà renoncé à l'enlever (un sondage du quotidien *La Provence* avait montré que 61 % des lecteurs étaient favorables à son maintien) quelques mois plus tôt, décide de remédier au sacrilège, déployant, en janvier 2001, une nouvelle affiche... couleur, cette fois-ci ! Un geste qui a fait très chaud au cœur du premier intéressé, présent à l'inauguration : « Avant, il était plutôt tourné vers La Castellane, là, c'est vers la mer, c'est bien. Je suis fier d'être sur les murs de Marseille à cet endroit-là. Cet engouement autour de cette affiche, c'est un grand honneur pour moi. »

ZIDANE, PLUS CÉLÈBRE QUE LA BONNE MÈRE !

De plus en plus, l'image d'un homme tranquille, efficace, discret, bon père de famille, avec ce zeste de glamour qui ne gâche rien, l'emporte sur celle du footballeur. La plus parfaite illustration en est la pub Ford intitulée « Le silence », diffusée sur le petit écran le 1er janvier 2001. Celle-ci se contente de jouer sur le charisme naturel du champion qui, face à la caméra, reste... muet. Avec juste ce slogan de conclusion, en incrustation : « L'important, ce n'est pas ce que l'on dit, c'est que l'on fait. » Rebelote quelques mois plus tard, avec un scénario un peu plus élaboré. Zidane lit un journal. À côté de lui, une casserole d'eau bouillante. Soudain, un bébé entre dans la pièce. En adulte responsable, Zinédine tourne la queue de la casserole afin d'éviter l'accident : « Pour la sécurité, l'important ce n'est pas ce qu'on dit, c'est ce qu'on fait », tel est le message de cette nouvelle campagne. Disponible, ponctuel, attentif au travail de tous, Zidane est une vraie manne pour les annonceurs. Zizou, la star qui ne se la joue pas !

Pour tous ceux qui ont misé sur lui, son retour en équipe de France, en août 2005, est une bénédiction. Orange en bénéficie le premier. Hôte de son site Internet officiel, ce poids lourd de la téléphonie enregistre 80 000 connexions le jour où Zinédine annonce son come-back. En temps normal, ils sont seulement 4000 internautes à surfer quotidiennement sur www.zidane.fr. Autres « zizouphiles », les patrons de TF1. Grâce à lui, ils peuvent revoir à la hausse le prix des spots publicitaires diffusés les soirs de matchs de l'équipe de France : + 35 % environ (soit 80 500 euros les trente secondes pour les spots les mieux exposés) lors de la rencontre face aux îles Féroé. Entre-temps, la Une a réalisé des scores record en retransmettant France-Côte-d'Ivoire, le 17 août. « Avec 9,7 millions de téléspectateurs, TF1 a enregistré sa meilleure audience du mois d'août depuis onze ans, se réjouit Charles Villeneuve, le directeur des sports de la chaîne. Quarante et un pour cent étaient des femmes de moins de 50 ans. Dans l'année, elles sont 27 à 30 % à regarder le foot » (*Télé 7 Jours*, 3 au 9 septembre 2005). Zidane, c'est Monsieur Plus !

Plus de maillots vendus, aussi. Ces derniers mois, la tunique bleue floquée au nom de la star a refleuri à vitesse grand V dans l'Hexagone. Du pain bénit pour Adidas, également équipementier du Real. Quand le Français rejoint Madrid, en 2001, pour 75 millions d'euros, beaucoup crient « au fou ! », en désignant le président du club, Florentino Perez. C'est compter sans le formidable pouvoir attractif de Zidane. Perez lui, parie sur les produits dérivés liés à la star, dont les maillots, vendus 72 euros pièce, pour se rembourser. À raison de 3 à 500 000 unités écoulées par an, l'achat du Galactique s'avère finalement une excellente affaire pour la Maison blanche. Comme le résume Bernard Tapie, dans son langage coloré : « Acheter Zidane 75 millions, ce n'est pas cher. Ce qui est cher, c'est de payer 15 millions pour un tocard qui ne réussira pas deux passes dans la saison. »

« POUR MOI, LES MOTS RESTENT UNE ÉPREUVE... SI ON ME DONNE LE CHOIX ENTRE M'EXPRIMER UNE FOIS PAR SEMAINE ET UNE FOIS PAR MOIS, AUCUN DOUTE, JE CHOISIRAI UNE FOIS TOUS LES DEUX MOIS **»**

(Zinédine Zidane, *L'Équipe*, 12 août 2004)

ZIDANE
10
ALGERIE
adidas
Teka

En décembre 2004, à 'Olympia, le champion rejoint sur scène son copain Jamel Debbouze qui lui rend hommage à sa façon…

Personne n'oserait classer Zizou dans cette seconde catégorie, tant il rayonne sur le terrain, comme dans le cœur des gens. En 2000, il parvient même à détrôner une première fois l'abbé Pierre au classement des personnalités préférées des Français, établi par *le Journal du dimanche*. L'aura de Zidane dépasse largement le cadre du football. Révélateur : entre septembre 1999 et septembre 2000, il est presque aussi présent à la une des magazines que Johnny Hallyday. Star adulée à l'humilité légendaire, il honore sur la pointe des pieds les invitations que lui lancent les grands de ce monde... et se comporte lui-même comme un simple admirateur au contact des autres champions, que ce soit dans les gradins de Roland-Garros ou dans les paddocks des Grands Prix de F1. Zidane, quand la star devient fan.

On l'a compris, le « Nijinski du football » n'aime pas faire de cinéma... Le 7e art l'a pourtant rattrapé, bien que sa brève apparition dans le film « Goal, naissance d'un prodige », ne restera pas dans les annales. Plus probant, sans doute, ce long métrage intitulé *Zidane, un portrait du XXIe siècle* (durée prévue : quatre-vingt-dix minutes, autrement dit le temps d'un match) qui doit sortir juste avant la Coupe du monde 2006. Une œuvre qui a demandé des moyens comparables à ceux d'une superproduction hollywoodienne, simplement pour filmer un match, le Real Madrid-Villarreal du 23 avril 2005, avec Zidane en tête d'affiche. Ce soir-là, dix-sept caméras étaient centrées sur le Galactique, qui a joué comme un dieu et pris un carton rouge en fin de match. Bref tous les ingrédients d'un scénario à rebondissements. Selon Victorien Vaney, l'un des producteurs, il ne s'agit pas d'un documentaire mais « d'un portrait, une célébration de la pureté et de la grâce du joueur, une idée radicale » (*Libération*, 17 mai 2005). Réaction du numéro 5 madrilène : « Ce qui compte, c'est la marque que ce film va laisser : mon image sur le terrain. Ainsi, il restera quelque chose pour mes enfants, mes petits-enfants, et même ceux d'après » (*L'Équipe*, 21 avril 2005). Zidane, une star pour l'éternité...

« MOI, DANS MA TÊTE, JE SUIS MONSIEUR TOUT LE MONDE ! »

(Zinédine Zidane - *Onze-Mondial*, décembre 2001).

Sur les Grands Prix de F1 (avec Fernando Alonso ou, quelques années plus tôt, avec Alain Prost et Jean Alesi), à Roland-Garros (il remet le trophée 2005 à Rafael Nadal) ou au bord des parquets (avec Thierry Henry et David Douillet, face à Tony Parker), il n'hésite jamais à saluer le talent des autres sportifs.

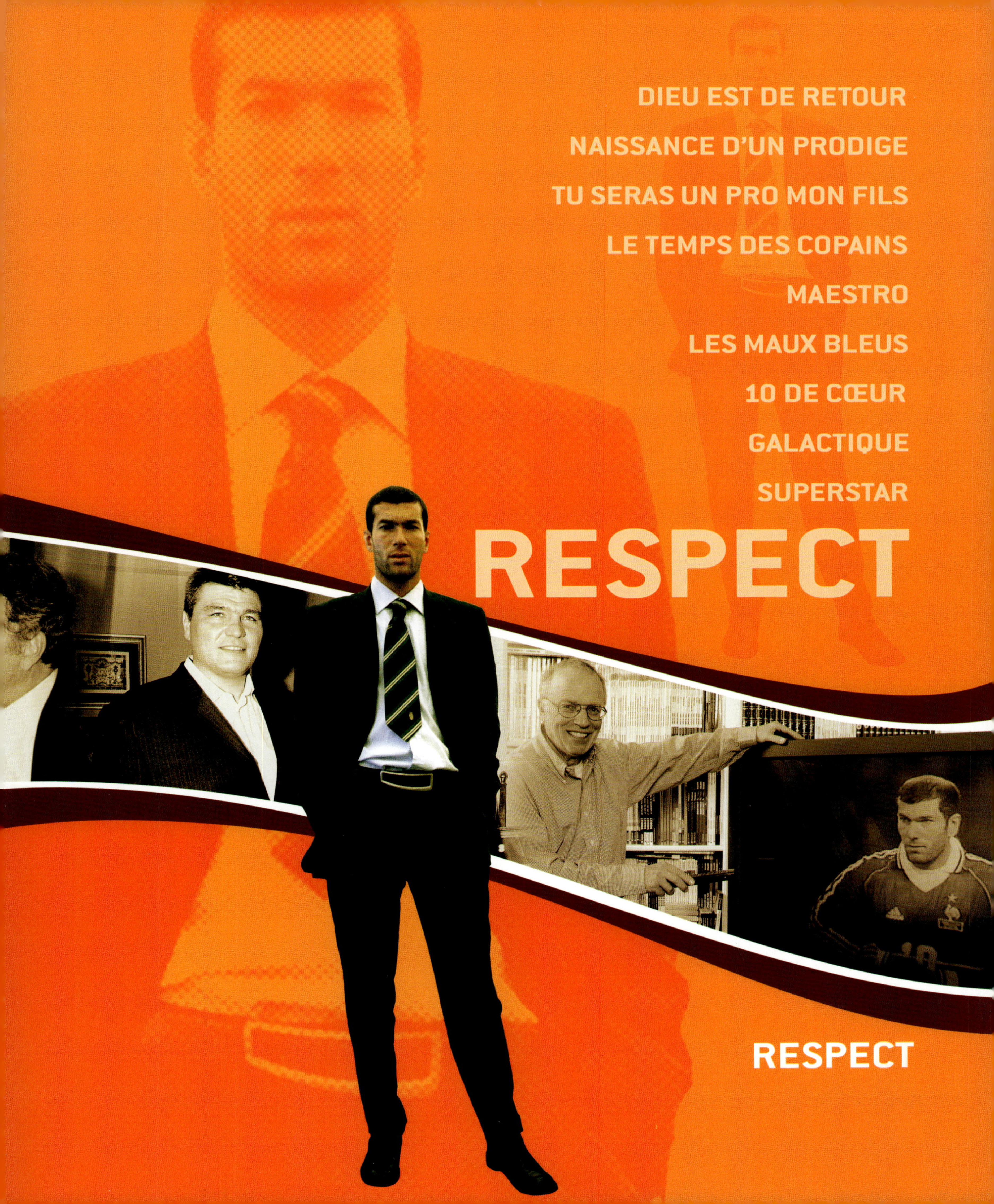
DIEU EST DE RETOUR
NAISSANCE D'UN PRODIGE
TU SERAS UN PRO MON FILS
LE TEMPS DES COPAINS
MAESTRO
LES MAUX BLEUS
10 DE CŒUR
GALACTIQUE
SUPERSTAR
RESPECT
RESPECT

RESPECT

« **Un** triple merci. Tout d'abord pour le régal des yeux que sont chacune
de ses apparitions. Il est le type auquel j'ai vu faire le plus de jolies cho
Avec ses arabesques, on dirait presque un danseur. Quand je me repas
je suis comme un môme. C'est magique ! Puis un merci de soulagement
revenu en équipe de France. Si lui, Makelele et Thuram ne reviennent pa
qualifie pas pour l'Allemagne. Enfin, un merci pour l'homme qu'il est. Sa
évidemment du 12 juillet 1998. »
Thierry Roland, ex-*voix du foot sur TF1, aujourd'hui sur M6.*

« **Je suis fière** de son travail, fière de lui e
Je lui dis merci pour tout ce qu'il nous fait
d'être et de rester comme il était quand je
Il n'a pas changé. Je le félicite. Avec tout c
arrive, moi j'aurais peut-être disjonctée. »
Véronique Zidane, épouse de Zinédine

« Je préfère
Zidane. Il est
plus élégant
à voir jouer c
mari... »
Milene Domi
avant son di
Ronaldo

« J'ai joué contre lui et avec lui... Je sais ce que je préfère. Un mec comme ça, il faut le mettre dans le formol pour qu'il ne lui arrive rien. »
Fabien Barthez, gardien de but de l'OM et de l'équipe de France

RESPECT

« Il n'y a pas de mot pour décrire ce que signifie pratiquer le football avec Zidane. Son retour en équipe de France est une merveille pour lui, pour nous, pour les gens. »
David Beckham, son coéquipier au Real Madrid.

« Zidane, moi je dis qu'on doit être fier d'être vivant pour voir un joueur comme lui. »
Akhenaton, chanteur du groupe IAM

« Le football, pour moi, c'est Pelé et Zidane. Sur ses quinze ans au plus haut niveau, Zizou en a passé dix dans les plus grands clubs du monde : le championnat le plus dur, en Italie, comme Platini. Puis le Real. Le gars qui passe dix ans, deux fois cinq ans, dans les deux plus grands clubs de la planète, déjà, il n'y a pas photo. »
Michel Drucker, animateur de « Vivement dimanche », sur France 2

« J'ai horreur de cirer les pompes des stars, mais je dois reconnaître que ce type est formidable, vraiment un brave garçon. Surtout, c'est un homme de devoir. Prendre le risque de revenir en équipe de France, comme il l'a fait, prouve qu'il ne recule devant rien pour terminer sa carrière internationale en beauté. C'est la marque des très grands champions. »
Eugène Saccomano, « chef d'orchestre » d'« On refait le match », sur RTL-LCI.

RESPECT

« Zidane et la ballon, c'est une relation d'amour. Parce que c'est sa chose, ça lui appartient. Il lui donne. C'est un échange permanent entre les deux. Son pied, sa caresse... Son pied droit, son pied gauche, son corps... Il l'envoûte. »
Roger Lemerre, ex-sélectionneur des Bleus

« Zizou, c'est l'homme de ma vie. Si j'ai un fils, je l'appelle Zizou. Si j'ai une fille, je l'appelle Zizou, elle se démerde. »
Jamel Debbouze, humoriste et comédien

« Si je l'avais en face de moi ? Je serais une femme, je l'e
Non, je plaisante ! Plus sérieusement, je lui dirais chapea
en Coupe du monde, c'est grâce à Monsieur Zidane. Son a
l'équipe de France même, est tellement puissante aujou
galvaniser les autres. C'est le plus beau capitaine dont o
allumer un cierge tous les jours pour qu'il arrive en forme
(rires). C'est courageux ce qu'il fait. Il arrête l'équipe de
bateau est en train de couler, il se dit, « j'y vais, et j'y va
le monde », c'est beau. Pour moi, c'est un vrai grand spor
le foot, l'argent, etc. » Là, on peut être sûr que son mote
Donc, c'est un grand Monsieur. »
David Douillet, double champion olympique de judo.

RESPECT

« J'ai une énorme tendresse pour cet homme d'une extraordinaire simplicité. Un jour, il m'a confié ce que son père lui répétait tout le temps : "Si tu veux qu'on te respecte, commence par respecter les autres..." Une phrase à méditer à l'heure où beaucoup de gamins ne respectent plus leurs parents, leurs professeurs ni même leurs copains. »
Gérard Holtz, présentateur de « Stade 2 », sur France 2.

« Quoi qu'il arrive, qu'il continue à jouer ! Au Real, à l'OM, où il veut, même s'il ne joue qu'une demi-heure. Ces joueurs-là sont tellement rares qu'il faut en profiter le plus longtemps possible. C'est un point de vue purement égoïste, je ne pense qu'à mon plaisir de spectateur de foot. Mais je lui donne le droit de s'arrêter à 65 ans (rires). »
Thierry Gilardi, présentateur de « Téléfoot » et commentateur sur TF1.

« J'aime beaucoup l'équipe de France. D'ailleurs, je connais bien Zazie... »
Lapsus de Johnny Hallyday au cours du 20 Heures de Claire Chazal, qui dénote en réalité une véritable admiration pour Zizou.

« Heureusement que notre homme est costaud car il faut remonter à Coluche, sa candidature à la présidentielle et ses Restos du cœur, pour trouver, sortie de rien, une icône aussi populaire et porteuse d'espoir.»
Éditorial de Marie-Françoise Colombani, Elle, 23 août 2005.

PROLONGATIONS

PALMARÈS

Équipe de France
Coupe du monde 1998
Championnat d'Europe des nations 2000

Girondins de Bordeaux
Finaliste de la Coupe UEFA 1996

Juventus Turin
Supercoupe d'Europe 1996
Coupe intercontinentale 1996
Finaliste de la Ligue des champions 1997 et 1998
Champion d'Italie 1997 et 1998
Supercoupe d'Italie 1997

Real Madrid
Supercoupe d'Espagne 2001
Ligue des champions 2002
Supercoupe d'Europe 2002
Coupe intercontinentale 2002
Champion d'Espagne 2003

Distinctions individuelles :
Ballon d'or - France-Football 1998
Meilleur joueur de l'année FIFA 1998, 2000 et 2003

BIBLIOGRAPHIE

Zidane, Dugarry, mes copains d'abord,
Pierre-Louis Basse, Mango, 1998.

Zidane, le roman d'une victoire, Dan Franck,
Robert Laffont, 1999.

Zidane, le roi modeste, Jean Philippe, L'Archipel, 2002.

Génération Zidane, 1994-2004, Vanessa Caffin, Solar, 2004.

Zidane, maître du jeu, Étienne Labrunie,
Timée-Éditions, 2005.

Zidane, Alexis Nolent, Michel Pierret et Marco Venanzi, Casterman, collection Champion de vie, 2005 (BD vendue au profit d'Asmae, association Sœur Emmanuelle).

PRESSE

Onze-Mondial, France-Football, L'Équipe, L'Équipe magazine, et notamment le numéro 100 % Zidane du 2 avril 2005.

DVD

Les Yeux dans les Bleus 1 et 2, Stéphane Meunier, Canal + Vidéo, 2002.

Zinédine Zidane, comme dans un rêve, Stéphane Meunier et Alix Delaporte, Studio Canal, 2002.

SITES INTERNET

zidane.fr
Site officiel du joueur

realmadrid.com
Site du club

fff.fr
Fédération française de football

uefa.com
Union des associations européennes de football

fifa.com
Fédération internationale de football association

ela-asso.com
Association européenne contre les leucodystrophies, soutenue bénévolement par Zidane

REMERCIEMENTS

Michel Lafon, Marie Dreyfuss, Pascal Van de Putte, Mathieu Thauvin et toute l'équipe Lafon, pour leur accueil chaleureux, Donovan Lhote (documentation et iconographie), Jean-Michel Psaïla/Abaca, Didier Levieil/Presse Sport, la documentation HFA, Patrick Mahé, Claude Bosle et la rédaction de *Télé 7 Jours*, pour leurs encouragements.

Également David Douillet, Michel Drucker, Thierry Roland, Thierry Gilardi, Eugène Saccomano, Gérard Holtz, pour leur disponibilité. Un grand bravo à Stéphane Meunier, pour ses documents *Les Yeux dans les Bleus* et *Zinédine Zidane, comme dans un rêve*... Un régal à savourer sans modération !

Hommages particuliers à Gilles Lhote, initiateur de ce projet, mon épouse Diana, pour son soutien, ainsi qu'à Sven, mon « Zouzou »... fan de Zizou.

Et enfin un grand merci à Zinédine Zidane pour le bonheur qu'il procure dans le stade ou devant le petit écran...

CRÉDITS PHOTOS

ABACA
Bernard : p. 9, 11, 12, 14, 15, 16, 20-21, 22, 24-25 • Gouhier : p. 8, 10, 11, 12, 13, 14, 15, 18, 19, 22, 23
Orban-Gouhier : p. 19, 22 • La Presse : p. 10, 62, 64, 65, 66, 67, 74-75, 89, 116, 122, 138, 145, 149
Klein-Zabulon : p. 17 • PA : p. 17, 132-133 • Ammar Abd Rabbo : p. 29 • Greg Soussan : p. 37, 112, 150
Hahn : p. 60, 78, 84, 85, 86, 87, 94, 95, 96, 98, 99, 103, 156 • Hahn-Liewig : p. 95, 99, 100-101
Liewig : p. 125, 128, 129, 130, 131, 134, 135, 136, 137, 151 • Peter S. Bennett/Sporting Pictures : p. 92-93
Nebinger : p. 94, 104, 105, 106-107, 108 • Datchary : p. 110, 114, 115, 117, 155, 156, 157
Alamo : p. 110, 111, 122, 148 • Gorassini : p. 113, 151 • Lamperti : p. 117 • Holubowicz : p. 123, 154, 158-159
Queen : p. 124, 126 • Korpa : p. 127, 129 • Arnal : p. 139, 148, 154 • Khayat : p. 140 • Rachid : p. 148
Zabulon : p. 154 • Lazic : p. 155 • Breloer/DPA : p. 156 • Hahn-Nebinger-Klein : p. 156 • Petit : p. 157

PRESSE SPORT : p. 26, 27, 38, 39, 88, 146, 147
Fel : p. 14 • Pics United : p. 16 • Patrick Artinian : p. 28 • Fred Mons : p. 31 • Lecoq : p. 32
Gérard Rancinan : p. 36, 118, 119 • De Martignac : p. 32, 40, 41, 44, 45, 50, 51, 57, 58, 68, 69, 70, 71, 142-143
Deschamps : p. 42 • Luttiau : p. 43, 46, 47, 48, 49, 52-53, 54, 55, 56, 58, 59, 72, 73, 120
Pichon : p. 40, 76, 77, 82 • Francotte : p. 60 • Lablatinière : p. 63 • Richard Martin : p. 80-81
Fèvre : p. 82, 83, 109 • Bernard Matussière : p. 141 • Gripe : p. 146, 147

Abaca/Presse Sport/Dior : p. 144, 145

Michel Marizy/Télé 7 Jours : p. 29

Pixeel : p. 121

DR : p. 26-35, 120, 121

Réalisation
VANDEPUB
Mathieu Thauvin

Direction éditoriale
Marie Dreyfuss

Dépôt légal : mars 2006
ISBN : 2-7499-0426-9

LAF 794

Fabriqué en France par Partenaires Book®